ANATOMÍA CONSTRUCTIVA

George B. Bridgman

Bridgman, George Brant

Anatomía constructiva / George Brant Bridgman

1. Dibujo Anatómico. 2. Anatomía Humana. 3. Arte Clásico. I. Dvorkin,
Mario,

ÍNDICE

Introducción

Los dibujos presentados en este libro exponen los conceptos que demostraron ser los más simples y efectivos para construir la figura humana.

Durante el procedimiento de dibujar, el ojo debe seguir una línea, un plano o una forma que puede convertirse en una figura en movimiento.

En el dibujo utilizamos la línea pero así como la elaboración mental debe preceder a la construcción física, la idea de volumen debe venir primero, seguida del concepto de plano y por último, de la línea.

Piensa en volúmenes y defínelos en líneas.

Las formas que tienen aproximadamente el mismo tamaño o proporción se conciben como un único volumen.

Las formas de distintas proporciones se conciben, en cuanto a su movimiento, como encastrándose unas con otras, o como amortajadas, engranadas. La idea que debe tenerse en mente es la de un encastre.

ANATOMÍA GENERAL

Los huesos constituyen el sistema de presión del cuerpo. Por lo tanto, en los huesos se expresan leyes de arquitectura, como en el domo de la cabeza, en los arcos del pie, en los pilares de las piernas; y leyes de mecánica, como en las bisagras de los codos, en las palancas de los miembros, etc.

Los ligamentos constituyen el sistema de retención o tensión y expresan otras leyes de mecánica.

Los músculos constituyen el sistema contráctil o de fuerza; producen acción mediante su contracción. Al contraerse se elevan y aumentan de volumen; cuando están relajados son flojos y suaves. Los músculos, insertados y actuando sobre el sistema osteoligamentario, constituyen el mecanismo de movimiento. Por lo tanto, en los músculos se expresan leyes de dinámica y de potencia.

Por ejemplo, por cada músculo que tracciona en una dirección, debe existir un músculo correspondiente que lo hace en la dirección opuesta. Por consiguiente, los músculos se encuentran en pares en todo el cuerpo. Cada músculo del lado derecho debe estar aparejado con un músculo del lado izquierdo; por cada flexor en la cara anterior debe existir un correspondiente extensor al dorso.

Los músculos también expresan leyes de palanca; son grandes en proporción a la longitud de palanca que mueven. Los músculos de cada dedo son pequeños y caben entre los huesos de la mano. Al ascender por el brazo hacia el hombro se encuentran músculos más grandes, ya que las palancas son más largas y su peso es mayor. Los músculos del antebrazo son más grandes que los de los dedos; los del brazo más grandes que los del antebrazo, y los músculos de los hombros son más grandes aún.

FORMAS Y MOVIMIENTOS DEL CUERPO

Los volúmenes de la cabeza, tórax y pelvis no cambian.

Sean cuales sean sus formas superficiales o relieves, sus masas deben concebirse como bloques.

Para concebir la figura, se debe comenzar pensando estos bloques de manera independiente o en relación unos con otros como si fuera el cuerpo de una avispa con una única línea que los conecta.

Idealmente estos bloques deberían equilibrarse simétricamente unos sobre otros pero esto raras veces sucede. En realidad, nunca cuando la figura está en acción.

En sus relaciones unos con otros, los bloques se limitan a los tres posibles planos de movimiento: Pueden doblarse hacia adelante o hacia atrás en el plano sagital o vertical, torcerse en el plano horizontal o inclinarse en el plano transversal. En realidad, los tres movimientos están casi siempre presentes en simultáneo en mayor o menor grado.

El límite de estos movimientos es el límite de la columna vertebral que es el sostén que conecta una parte del cuerpo con otra. Es una estructura ubicada casi al centro o eje del cuerpo, compuesta por discos alternantes de hueso y de cartílago muy elástico. Cada segmento es una articulación cuya palanca se extiende hacia atrás, hasta el largo surco de la espalda. Los músculos dan movimiento en la medida que la columna vertebral lo permite.

Finalmente, los bloques se conectan con los bordes y el contorno de la figura.

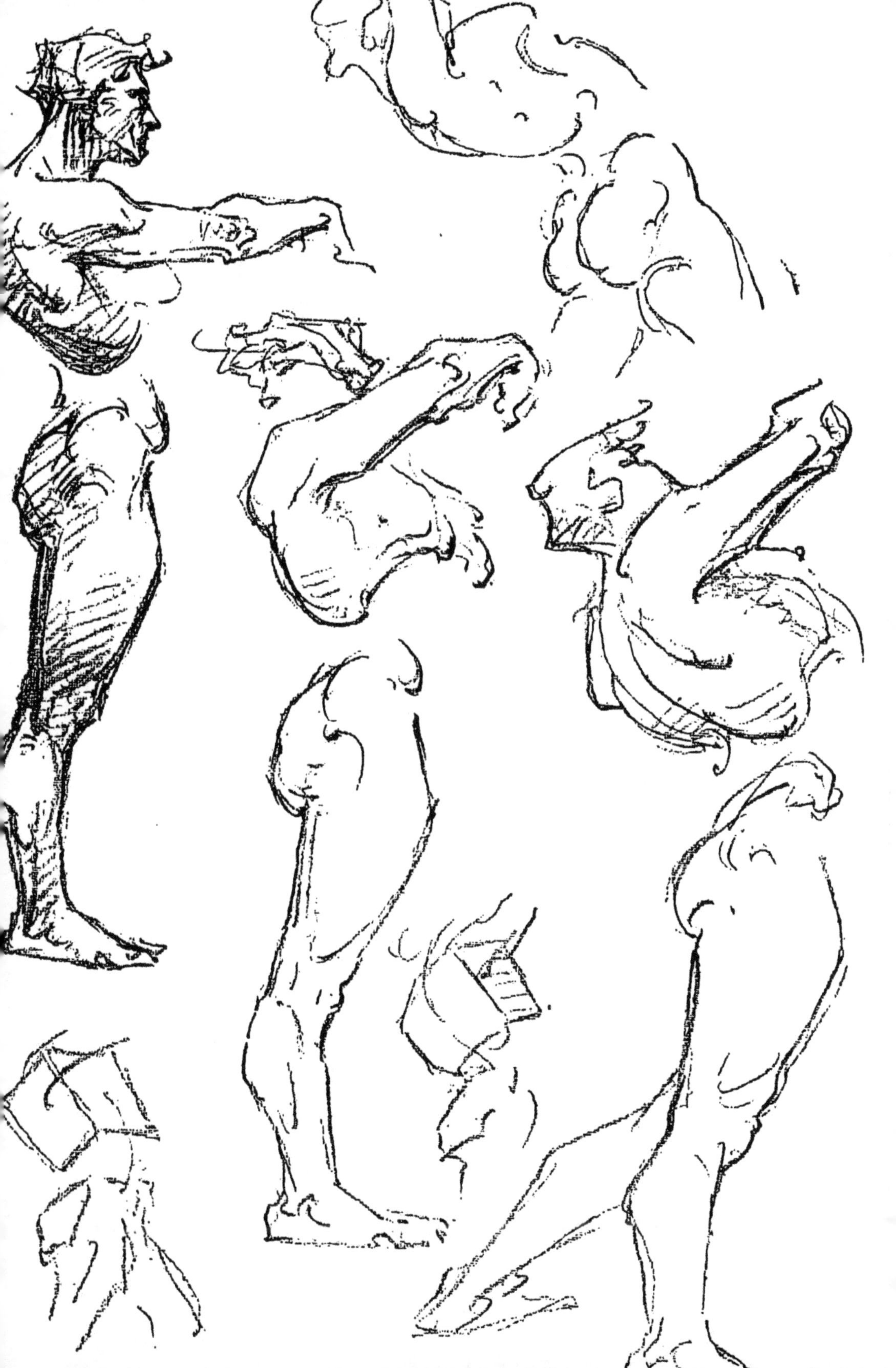

CONSTRUCCIÓN

Volúmenes y movimientos del cuerpo:
Inclinación de las formas

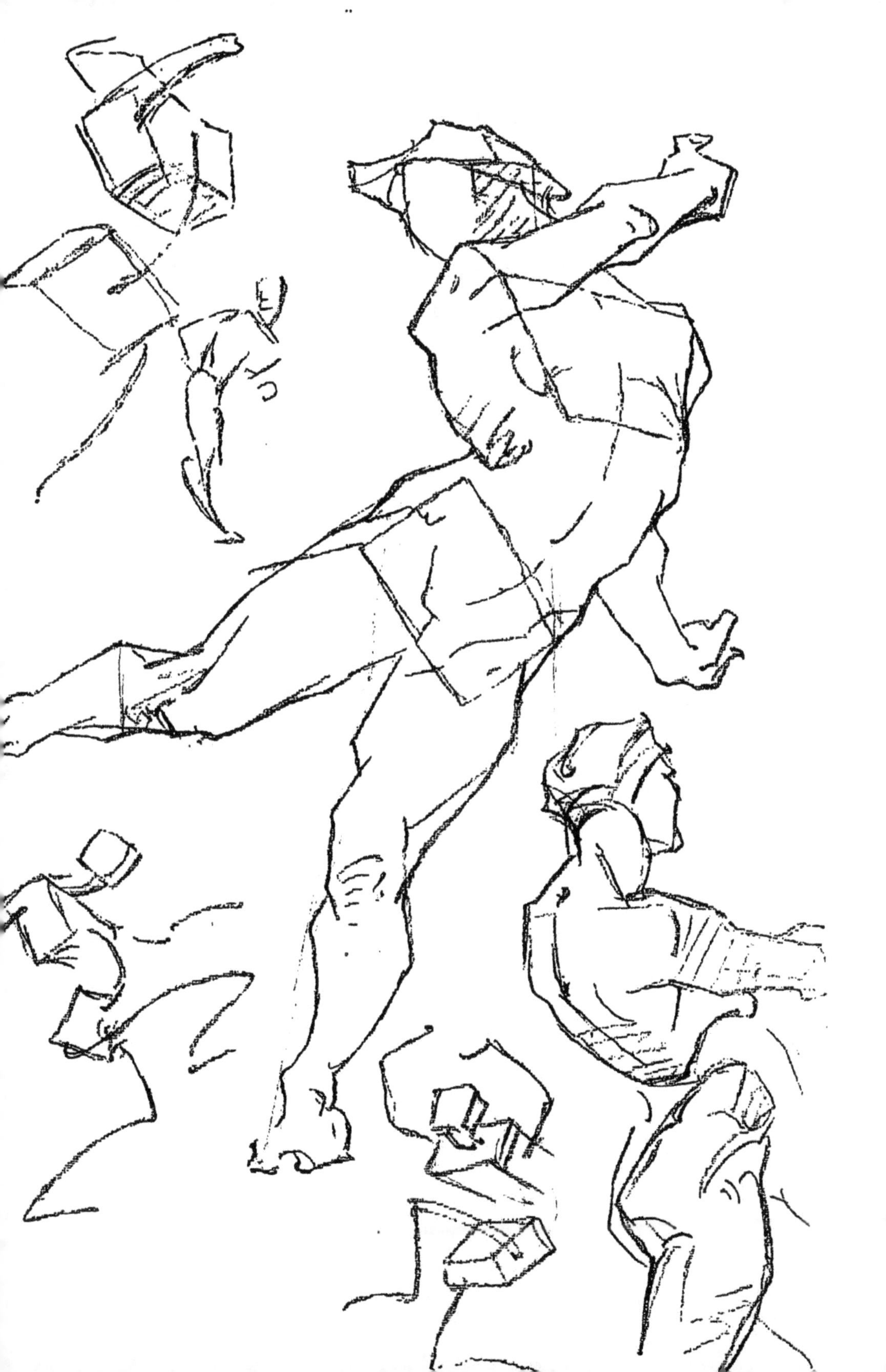

CONSTRUCCIÓN

Los planos horizontal, sagital y transversal: Inclinados y rotados

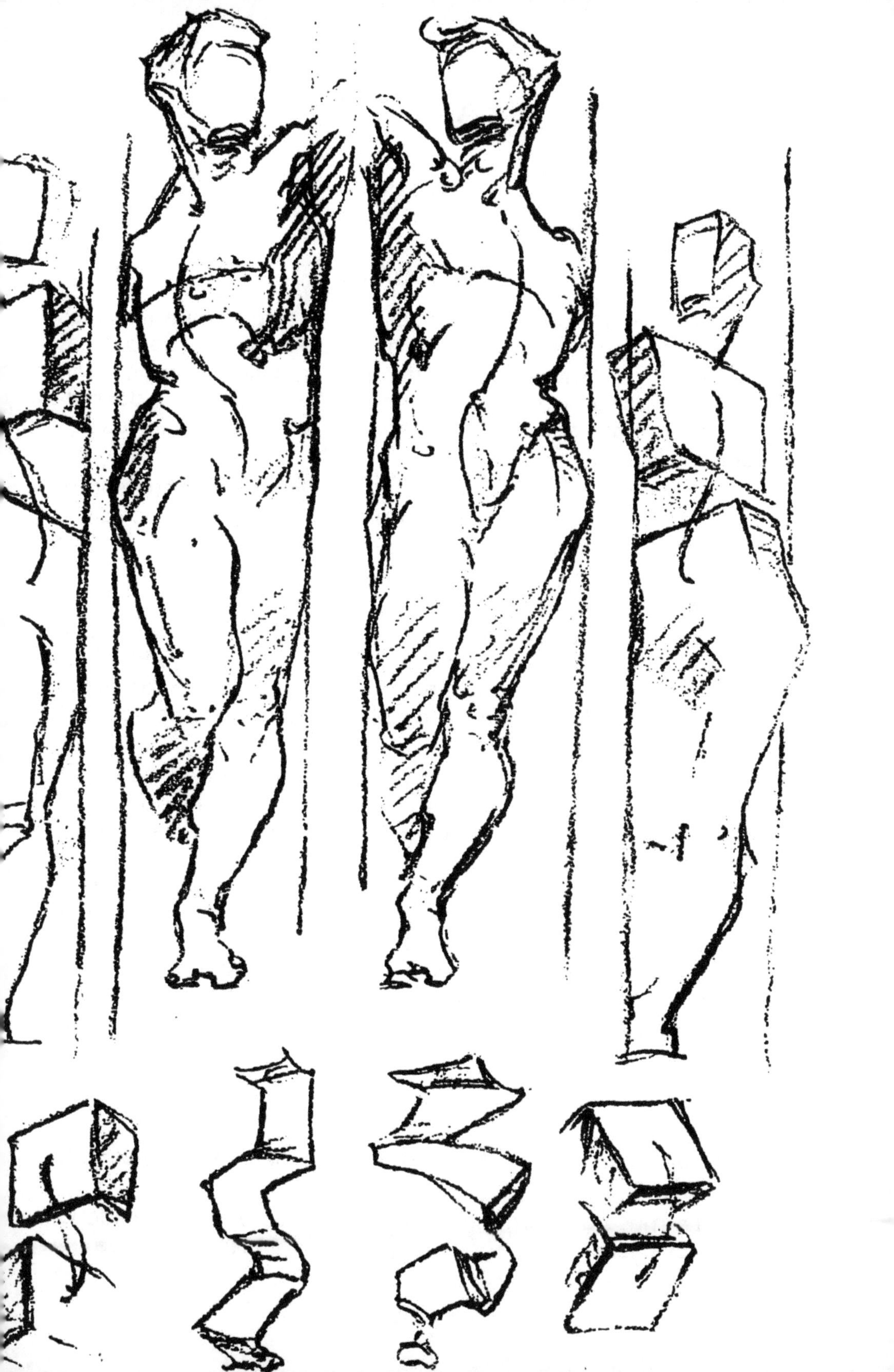

LA MANO

Anatomía

En la mano hay cuatro huesos que se continúan con los huesos de los dedos, llamados metacarpianos (de *meta*, "más allá", y *carpus*, "muñeca"). Hacia adelante o lado palmar, están cubiertos por tendones, por los músculos del pulgar y del meñique y por almohadillas de piel. Al dorso están cubiertos por tendones.

Entre estos huesos hay un muy leve movimiento, semejante a abrir un abanico. Estos huesos convergen en los de la muñeca, con los que calzan firmemente. La mano se mueve junto a la muñeca. Los tendones dorsales convergen de modo más pronunciado que los huesos.

Los músculos cortos de la mano cruzan una sola articulación, el nudillo y mueven cada dedo en forma individual. Se ubican entre los huesos metacarpianos y por eso se llaman interóseos. Hay dos conjuntos de ellos: anteriores y posteriores, o palmares y dorsales.

Los interóseos palmares son colectores: juntan los dedos hacia el dedo medio y por eso se encuentran del lado interno de cada articulación, excepto en la del dedo medio. Los interóseos dorsales son separadores: alejan los dedos del centro y por eso se encuentran a cada lado del dedo medio y del lado externo de las otras articulaciones. En el pulgar y en el dedo medio los músculos de este conjunto se llaman abductores y al estar en posiciones expuestas, son más grandes. El del dedo índice forma un bulto prominente entre el índice y el pulgar y el del dedo mayor forma una larga masa carnosa que llega hasta la muñeca.

Volúmenes

Las masas de la mano son dos: una de la mano y otra del pulgar.

La masa de la mano tiene sus bordes en bisel desde los nudillos hasta la muñeca. En la palma está biselada desde

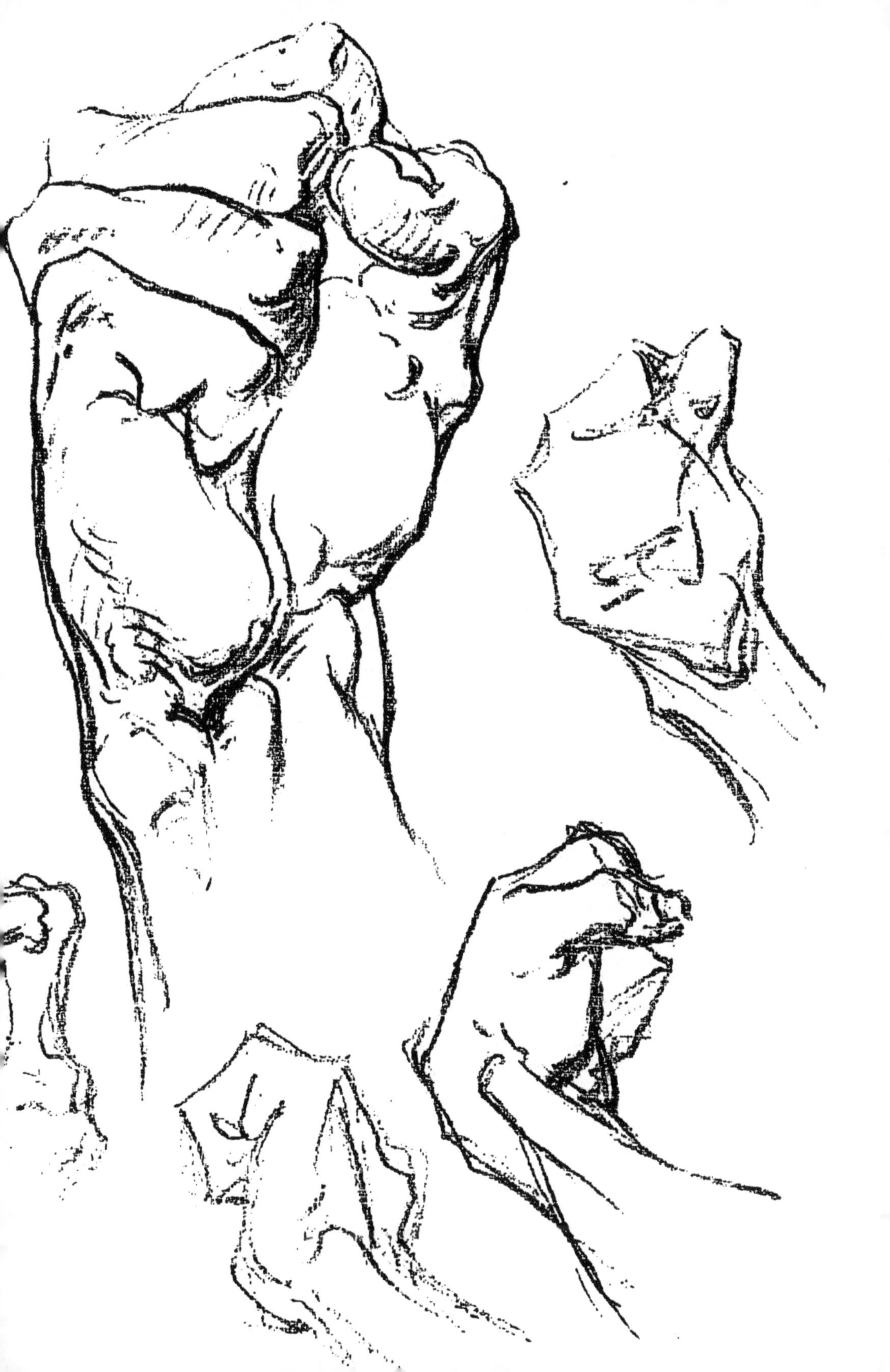

la muñeca hasta los nudillos y en el plano transversal desde el dedo índice hasta el meñique. Al dorso está levemente arqueada.

Los nudillos, un poco más arqueados, son concéntricos alrededor de la base del pulgar. El segundo nudillo es más grande y alto que los demás. El primero es más bajo del lado del pulgar. De este lado sobresale un poco, al igual que el nudillo del meñique, debido a que están en posición más expuesta.

La masa piramidal del primer segmento del pulgar pertenece a la mano. Esta masa se une a la mano en ángulo, nunca de modo totalmente plano. Puede doblarse bajo la mano más de 90 grados respecto de la superficie plana de ésta.

El pulgar puede retraerse hasta que sólo su raíz sobresale de la línea lateral de la mano y también puede extenderse hasta un gran ángulo respecto a ésta. En esta última posición, el primer segmento del pulgar forma un triángulo cuya base es el lado de la mano, que es igual en longitud. En la superficie palmar, la altura de este triángulo equivale al ancho de la mano y en la cara posterior es casi de la misma longitud.

Del lado del meñique la forma está dada por el músculo abductor y lo que sobresale del nudillo, que lleva la curva de ese lado hasta la mitad del primer segmento del dedo.

La almohadilla de la palma se superpone a la muñeca debajo suyo, a los nudillos arriba y llega hasta la mitad del primer segmento de los dedos.

En el dorso de la mano, que es casi plano excepto con el puño cerrado, los tendones de los extensores largos son superficiales y pueden pueden marcarse en forma pronunciada bajo la piel. Son dos conjuntos de tendones más o menos adosados, por lo que son dobles y presentan bandeletas de conexión entre ellos.

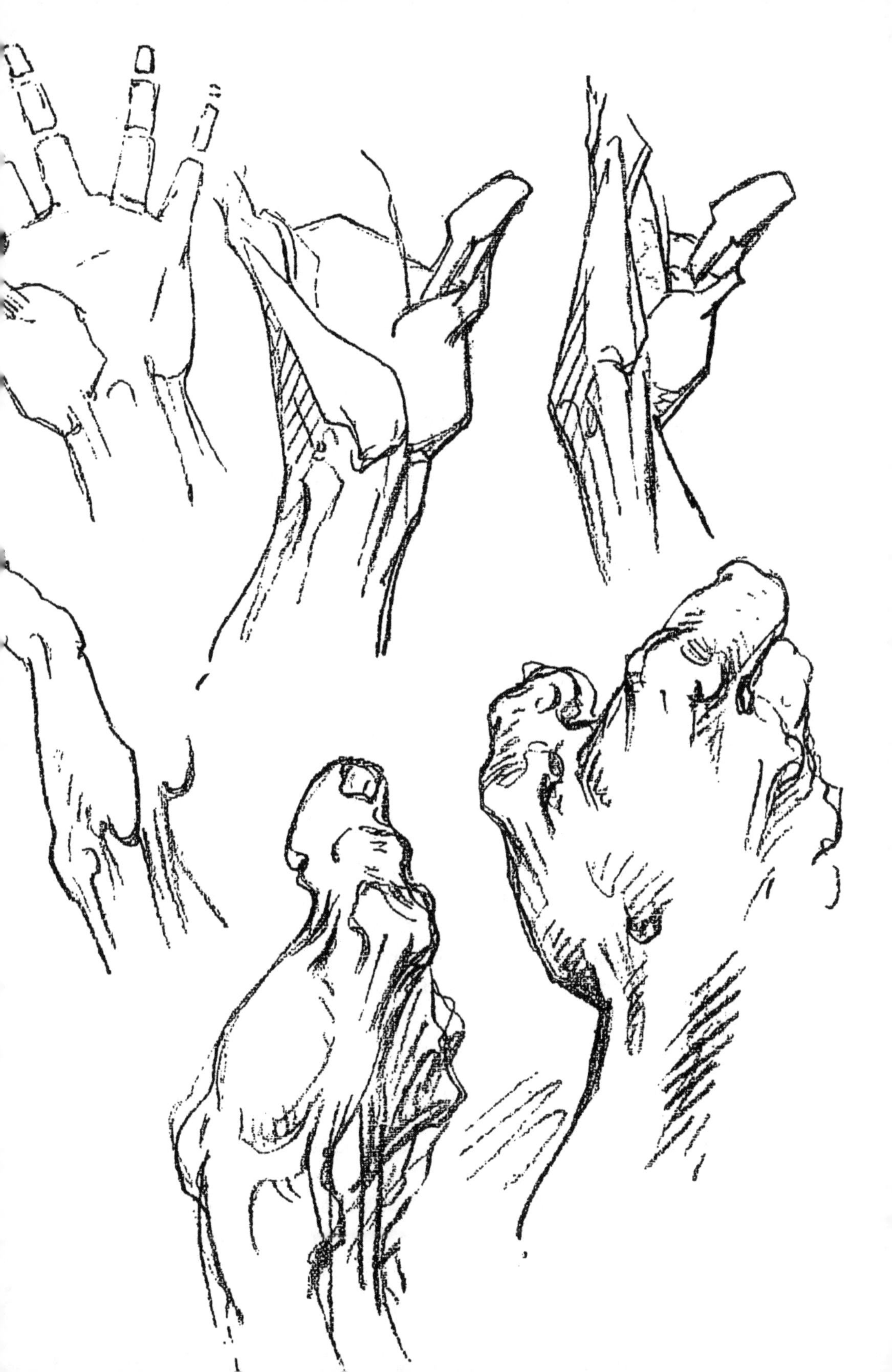

LA MANO

Encastre de la muñeca

Anatomía

Encastrados con los huesos de la mano se encuentran los huesos de la muñeca. Los dos conforman una masa; la mano se mueve con la muñeca.

El arco de la muñeca está compuesto por ocho huesos carpianos en dos hileras, que tienen un tamaño similar al de dados deformados. Los dos pilares de este arco pueden verse del lado palmar; son prominentes bajo el pulgar y el meñique. Este último es el "talón" de la mano; sin embargo el arco es más grueso y un poco más alto del lado del pulgar. Por debajo pasan los largos tendones flexores hacia los dedos y el pulgar.

El domo del arco se ve al dorso; tiene un ápice en el trapecio por debajo del dedo índice. Por la muñeca pasan los largos tendones extensores de los dedos, que convergen en su mitad externa o lateral.

Volúmenes

La muñeca es el doble de ancha que de gruesa. A ambos lados es más angosta donde se une con el antebrazo, lo cual le da un aspecto de estrechamiento.

Desde el dorso del antebrazo siempre hay un escalonamiento hacia abajo sobre la muñeca hasta la mano.

Movimientos

Porque conforma una masa única con la mano, la muñeca se mueve con ella en el antebrazo. Su movimiento es como el de un bote en el agua: Le resulta fácil voltear hacia los lados en flexión y extensión pero un poco más difícil inclinarse longitudinalmente. Al combinarse, estos movimientos le dan algún movimiento de rotación, pero no tiene movimiento de torsión. Este movimiento lo hace el antebrazo.

Su encastre en el antebrazo le da a esta articulación con forma de bote el aspecto de constricción. La "proa", bajo el pulgar, es más alta que la "popa" bajo el meñique.

Cuando la muñeca está totalmente extendida, el dorso de la mano forma un ángulo casi recto con el antebrazo. Cuando está totalmente flexionada, la palma de la mano forma un ángulo casi recto. Por consiguiente, el movimiento total es ligeramente inferior a 180 grados.

Cuando la muñeca está totalmente flexionada, forma al dorso una gran curva sobre la que los tendones extensores se estiran por completo, tanto que nunca se puede cerrar por completo los dedos cuando la muñeca está en esta posición. En esta posición los tendones flexores se elevan de modo prominente bajo la piel.

Cuando la mano y el antebrazo yacen extendidos sobre una superficie plana, el "talón" de la mano queda en contacto mientras que los huesos del antebrazo quedan elevados.

Hay músculos adosados a las cuatro esquinas de la muñeca: dos delante (el flexor radial del carpo y el flexor cubital del carpo) y dos detrás (el extensor radial del carpo y el extensor cubital del carpo). Al contraerse estos músculos la muñeca puede moverse en todas direcciones excepto torcerse, ya que este movimiento se produce en el antebrazo. Sólo los tendones cruzan la muñeca; los cuerpos musculares se hallan en el antebrazo.

LA MANO

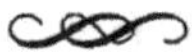

Músculos de la mano, cara anterior o frontal

1. Abductor del pulgar.
2. Flexor corto del pulgar.
3. Aductor del pulgar.
4. Músculos lumbricales.
5. Ligamento anular.
6. Flexor corto del meñique.
7. Abductor del meñique.

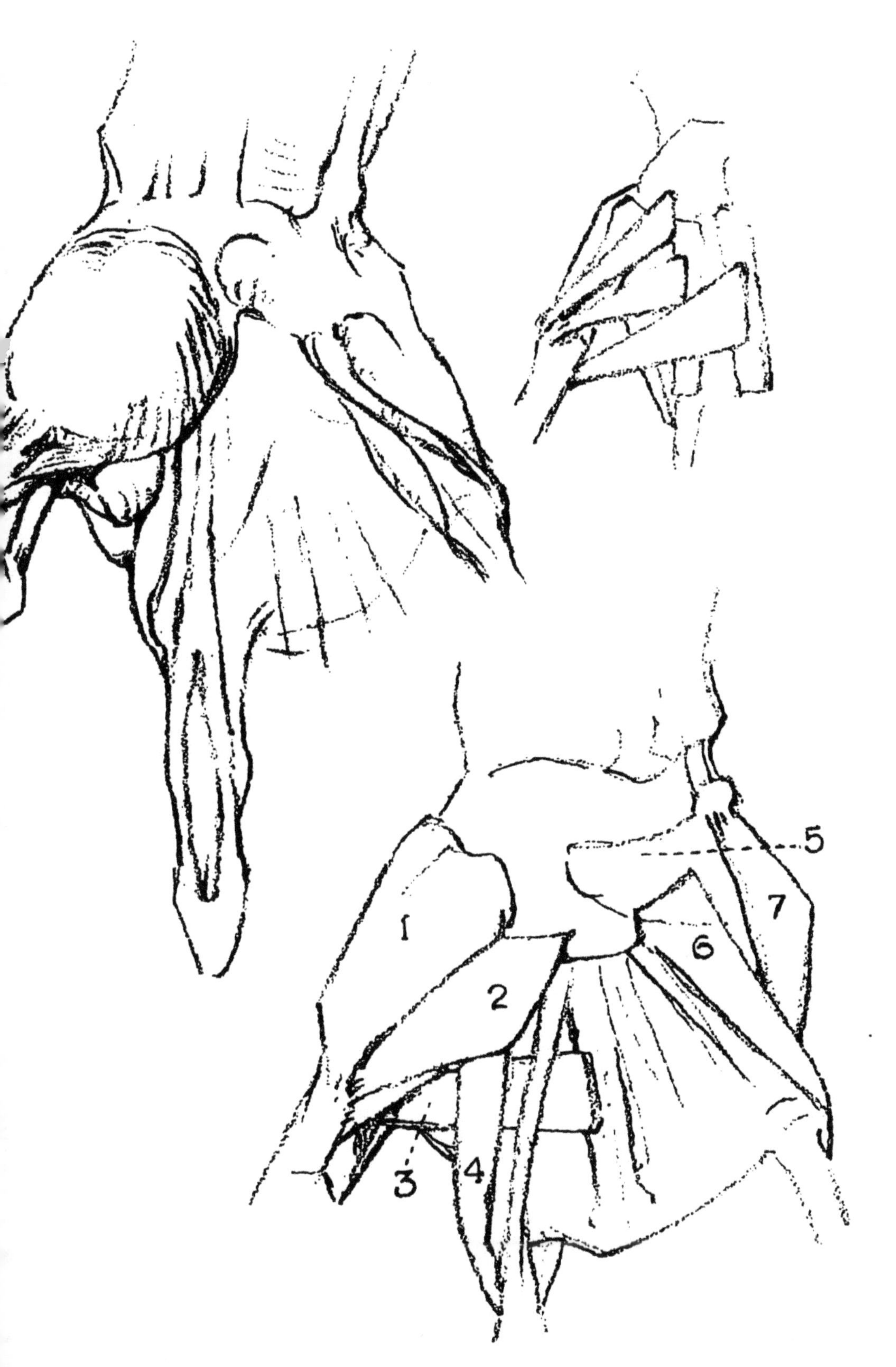

LA MANO

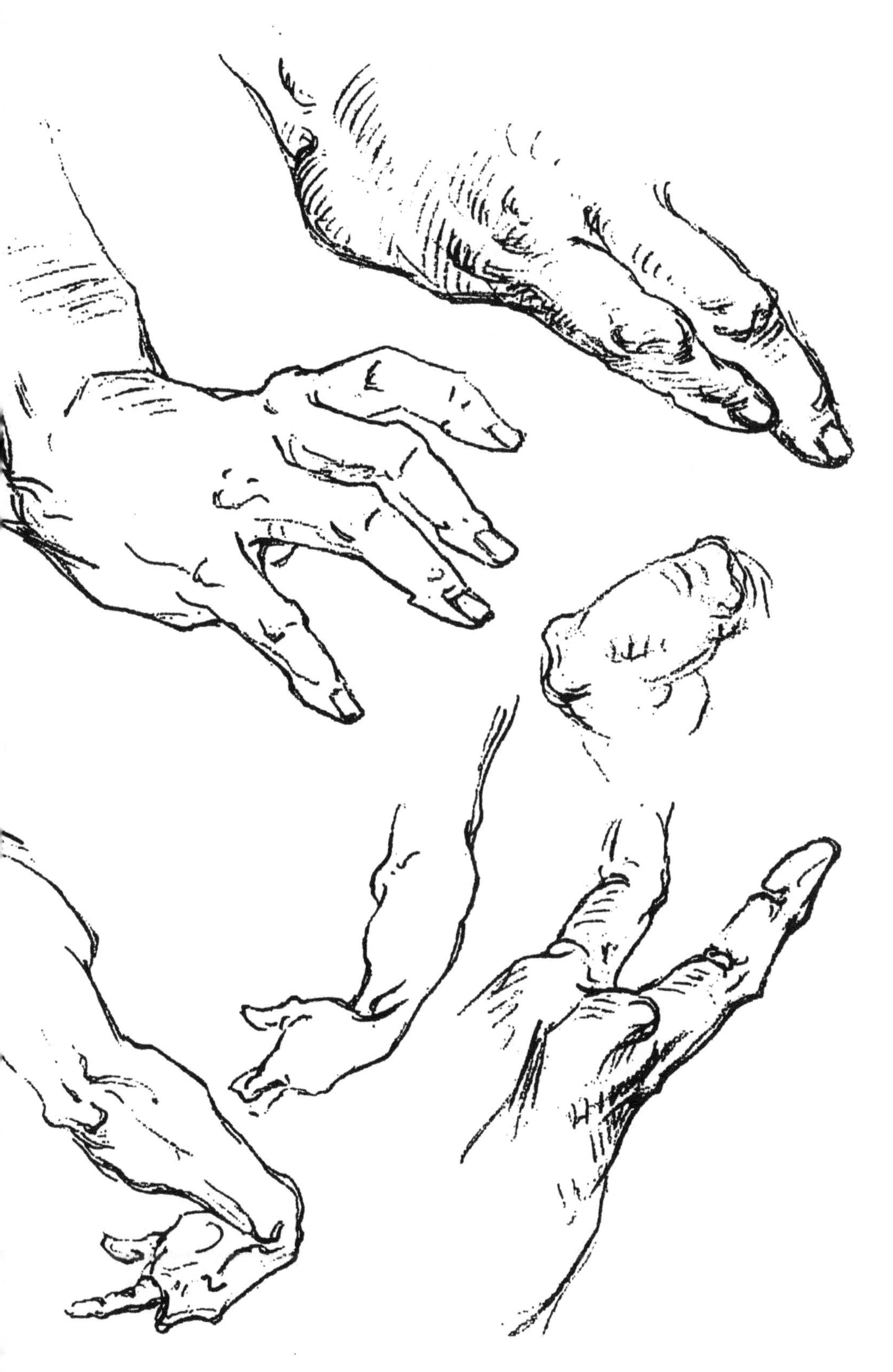

LA MANO

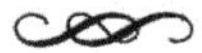

Músculos del dorso de la mano

1. Primer interóseo dorsal.
2. Abductor del pulgar.
3. Interóseos dorsales.
4. Tendones del músculo extensor común
   de los dedos.

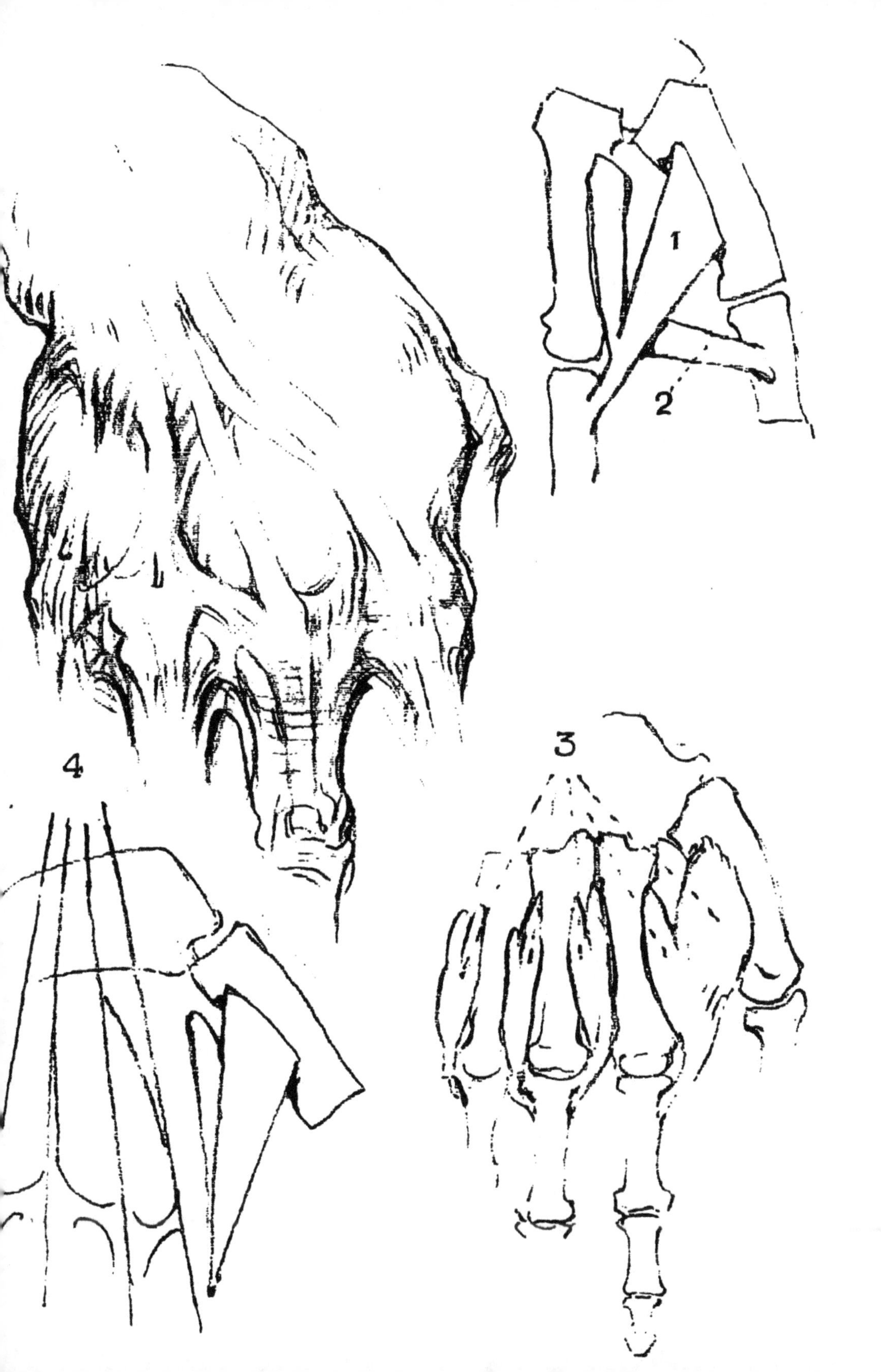
1
2
3
4

LA MANO

Encastre de la muñeca: Lado del pulgar

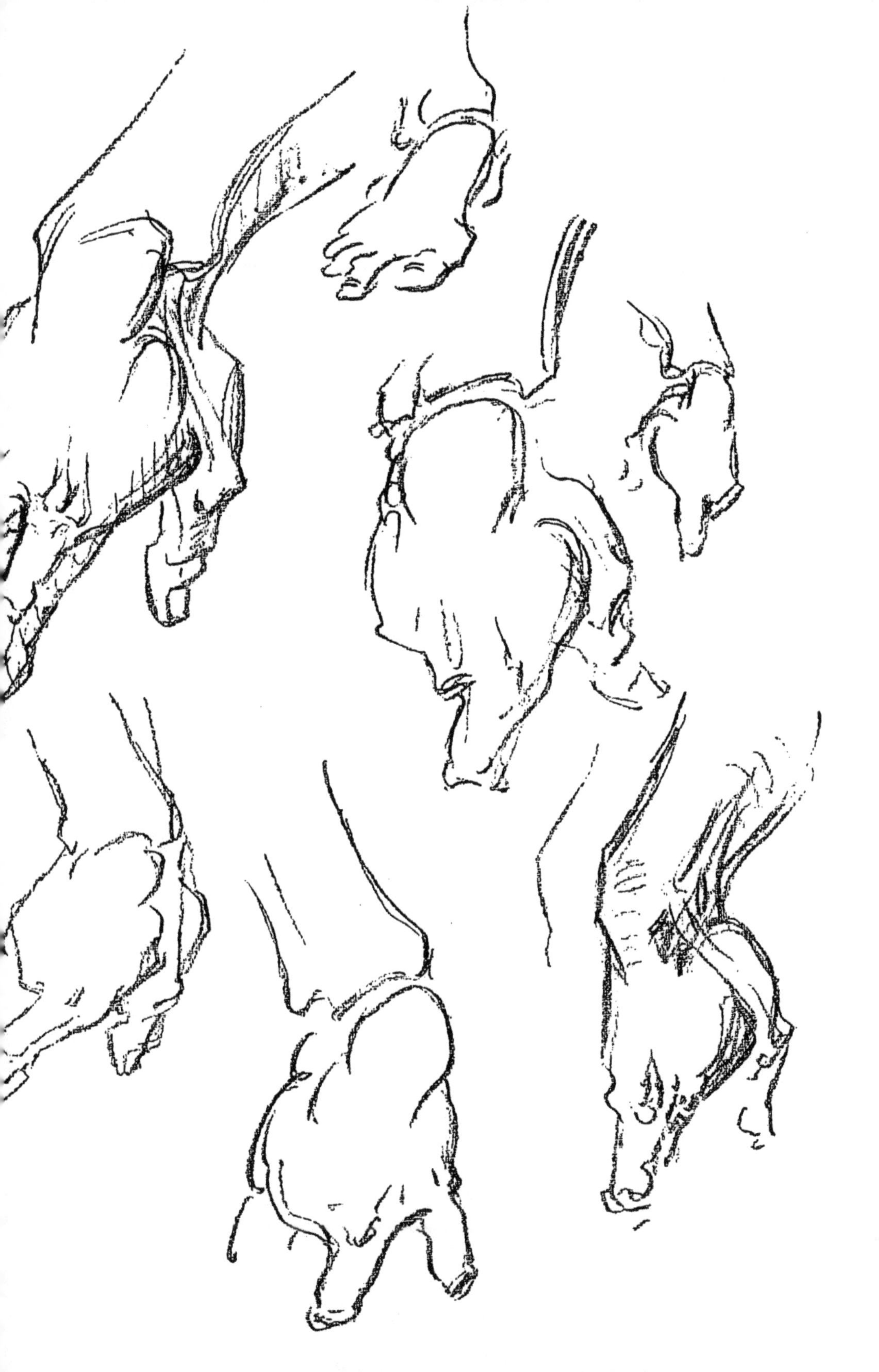

LA MANO

Encastre de la muñeca: Lado del meñique

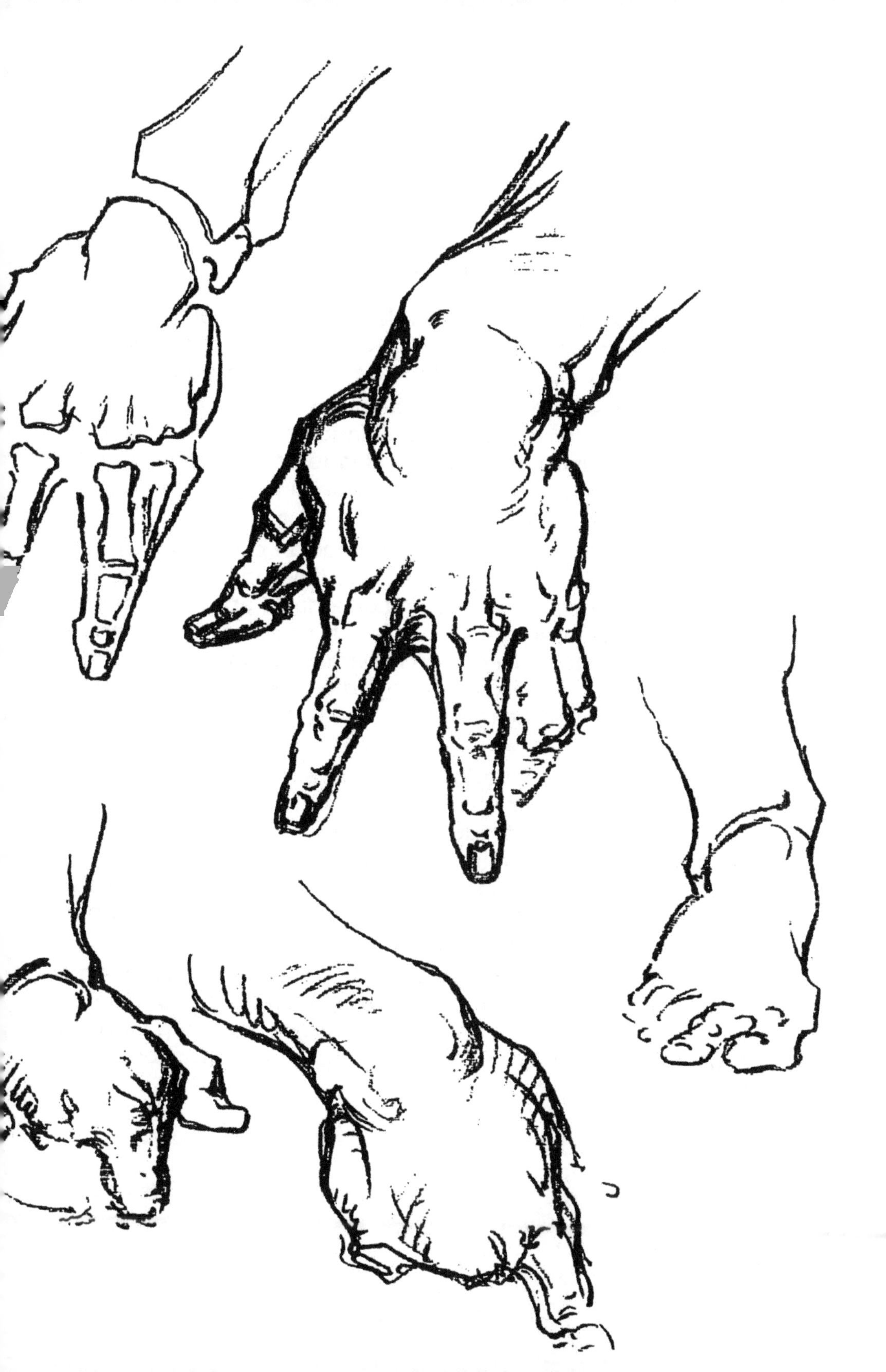

La mano

Construcción

En la mano, como se ve en la figura, existe un lado de acción y un lado de inacción. El lado con el mayor ángulo es el de acción, y el opuesto es el lado de inacción, o lado recto.

Con la mano rotada hacia abajo, pronada y dirigida hacia el cuerpo, el lado del pulgar es el lado de acción y el lado del meñique es el lado de inacción. El lado de inacción sigue una línea recta con el brazo, mientras que el pulgar se encuentra casi en ángulo recto con él.

La línea de construcción de inacción corre directo hacia abajo por el antebrazo hasta la base del dedo meñique. La línea de construcción de acción corre hacia abajo por el antebrazo hasta la base del pulgar en la muñeca. Desde ahí, va hasta la articulación media en la parte más ancha de la mano; de ahí hasta el nudillo del dedo índice, luego hasta el nudillo del dedo mayor y finalmente, se une a la línea de inacción en el dedo meñique.

Con la mano pronada pero alejada del cuerpo, el lado del pulgar es el lado de inacción y se encuentra en línea recta con el antebrazo, mientras que el meñique está casi en ángulo recto con el mismo. La línea de construcción de inacción ahora corre directo hasta la articulación media del pulgar, mientras que la línea de acción corre hasta la muñeca del lado del meñique y de ahí a la primera articulación, etc.

Estas líneas de construcción son seis en total. Son las mismas si la palma de la mano está hacia arriba o supinada —lo que importa es si mira hacia o alejándose del cuerpo. Estas líneas ubican los dedos e indican la acción y proporciones de la mano.

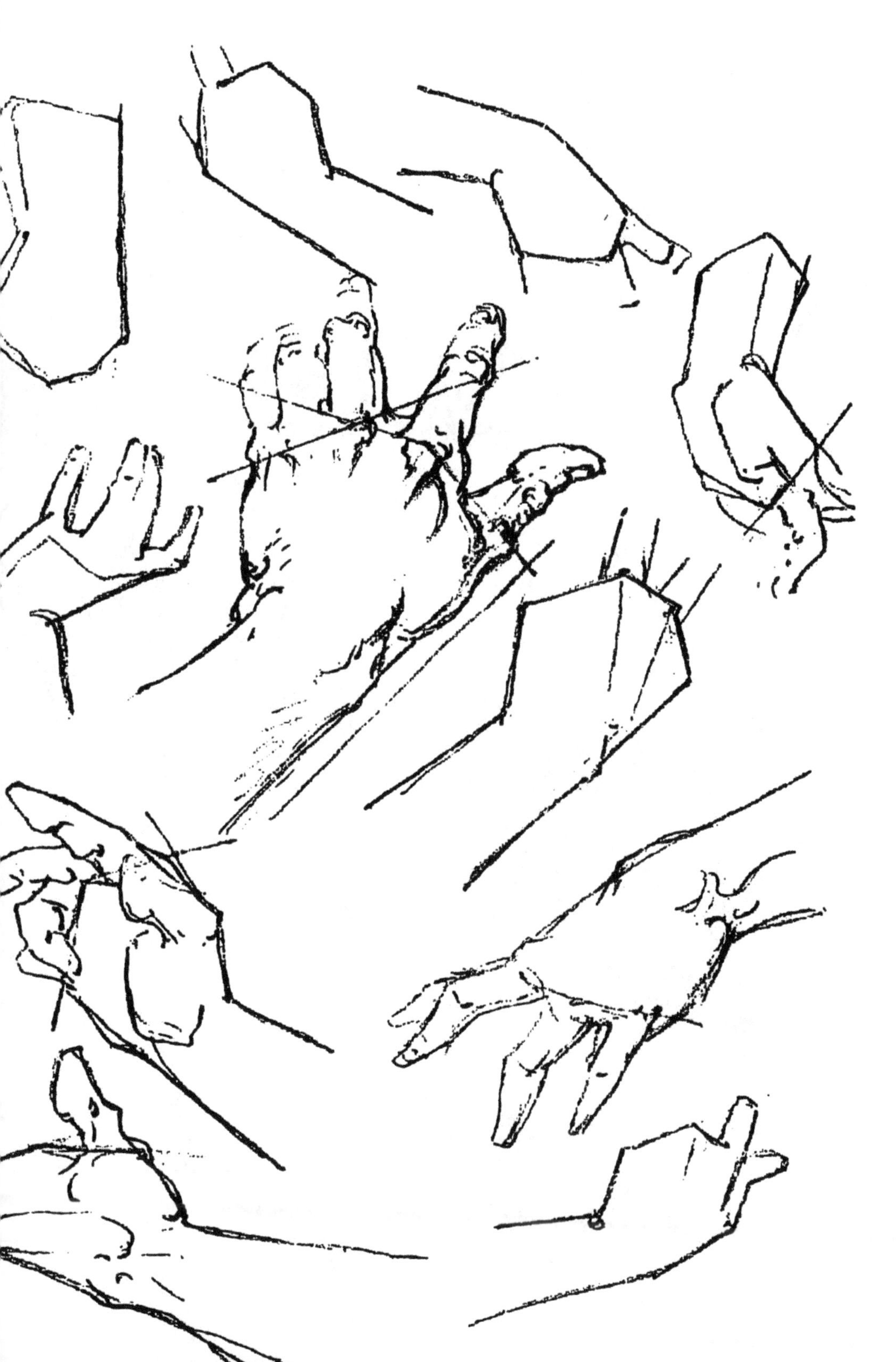

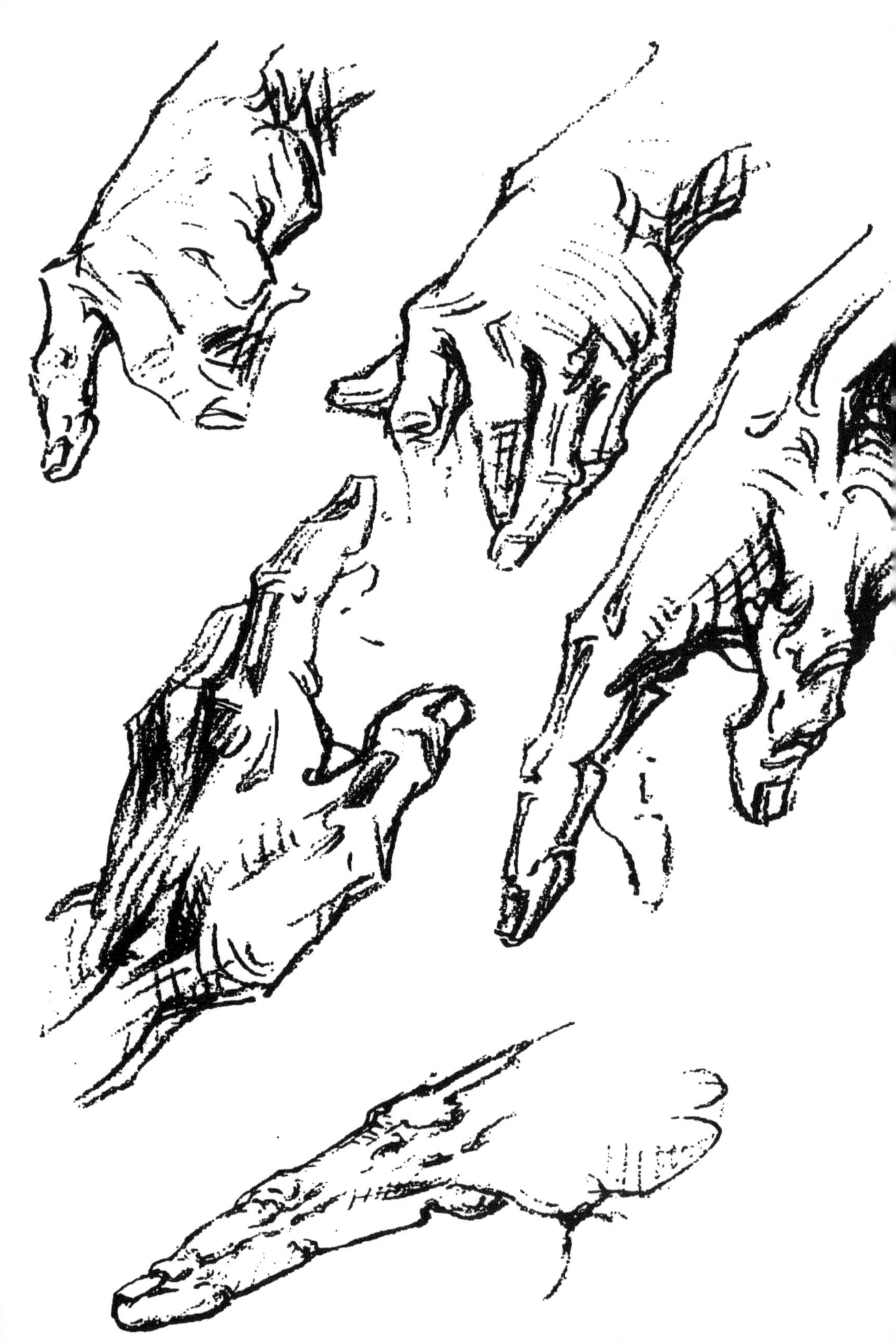

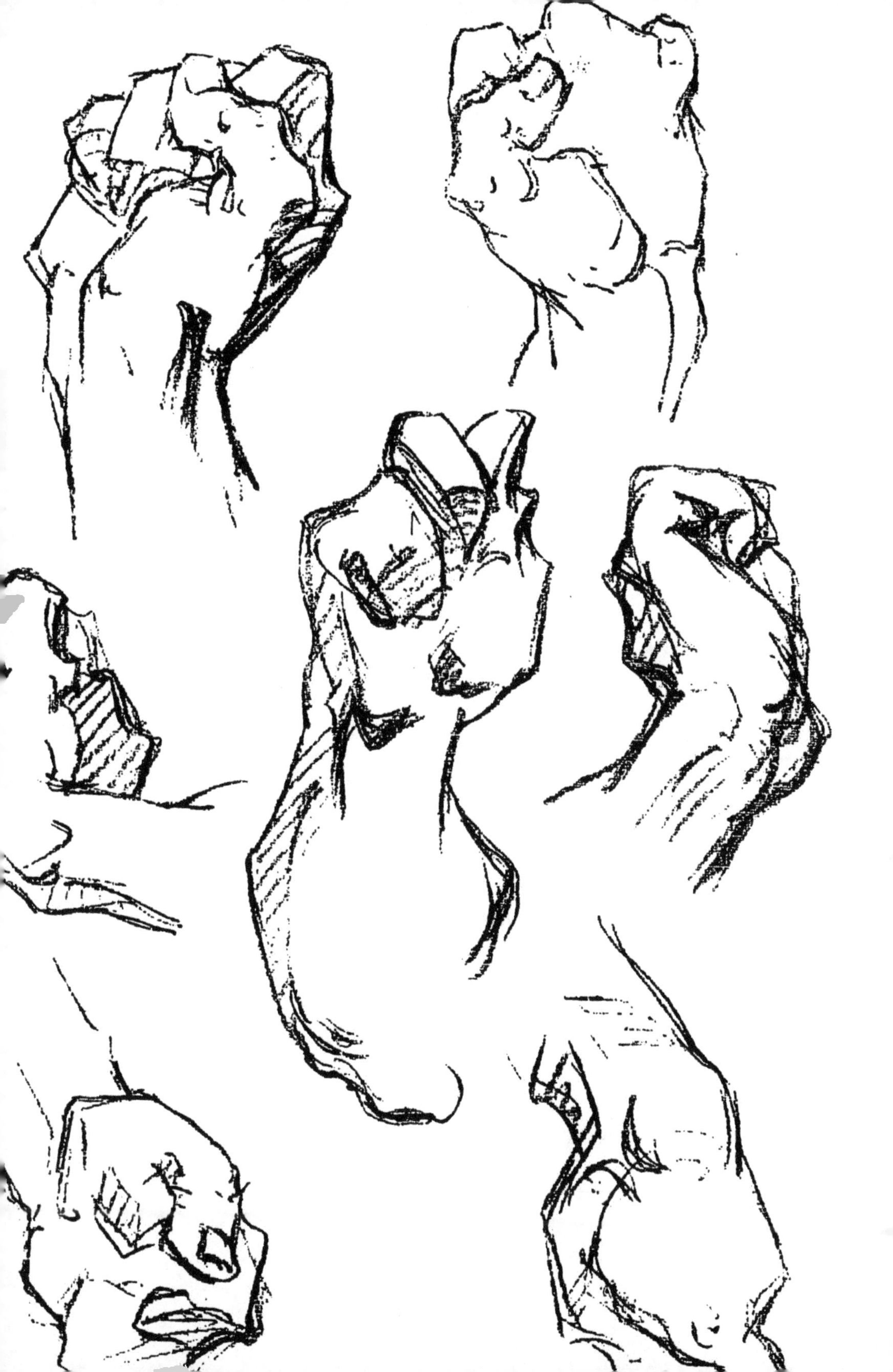

LA MANO

30

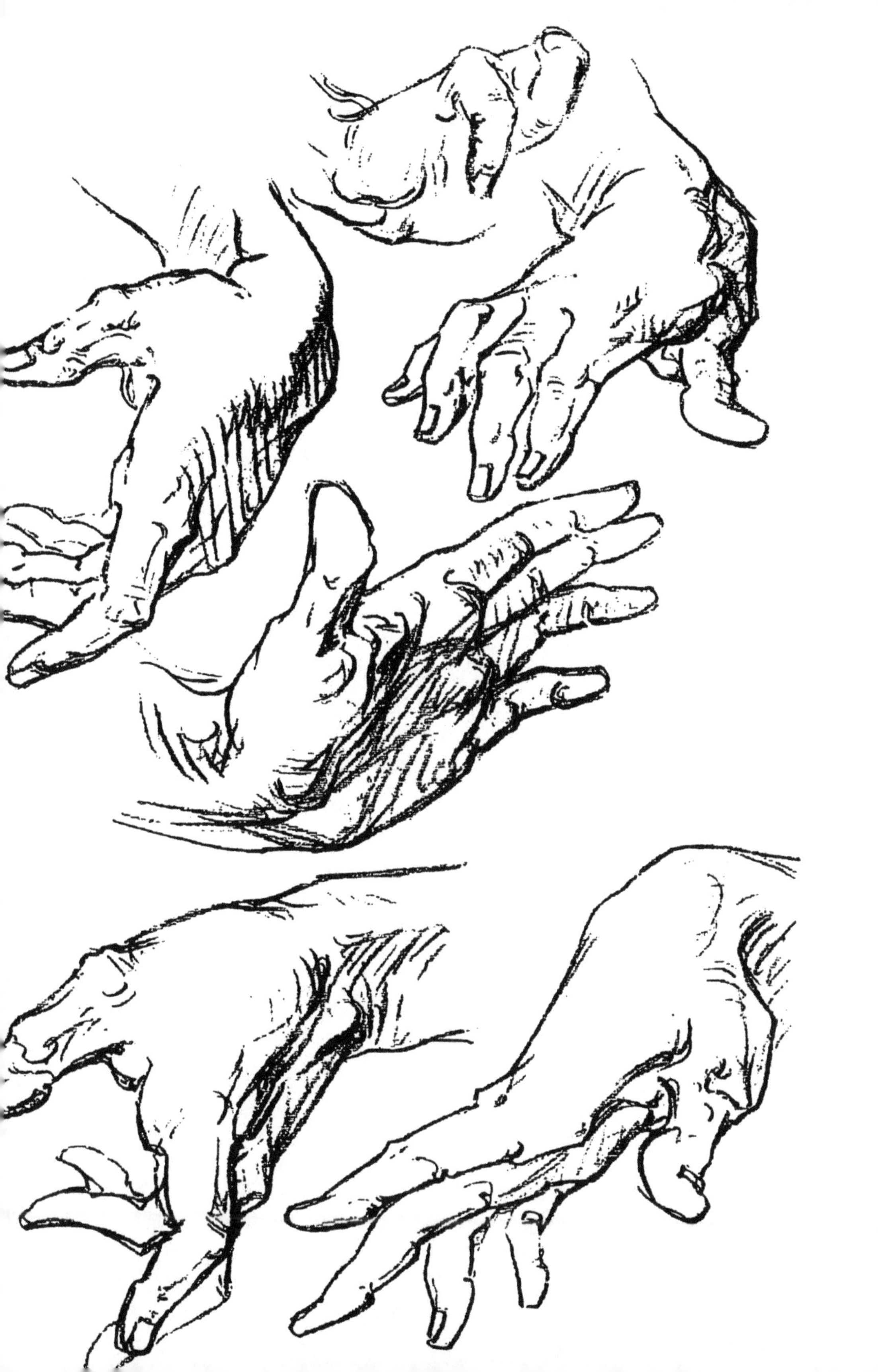

LA MANO

Giro de las masas de la mano y la muñeca

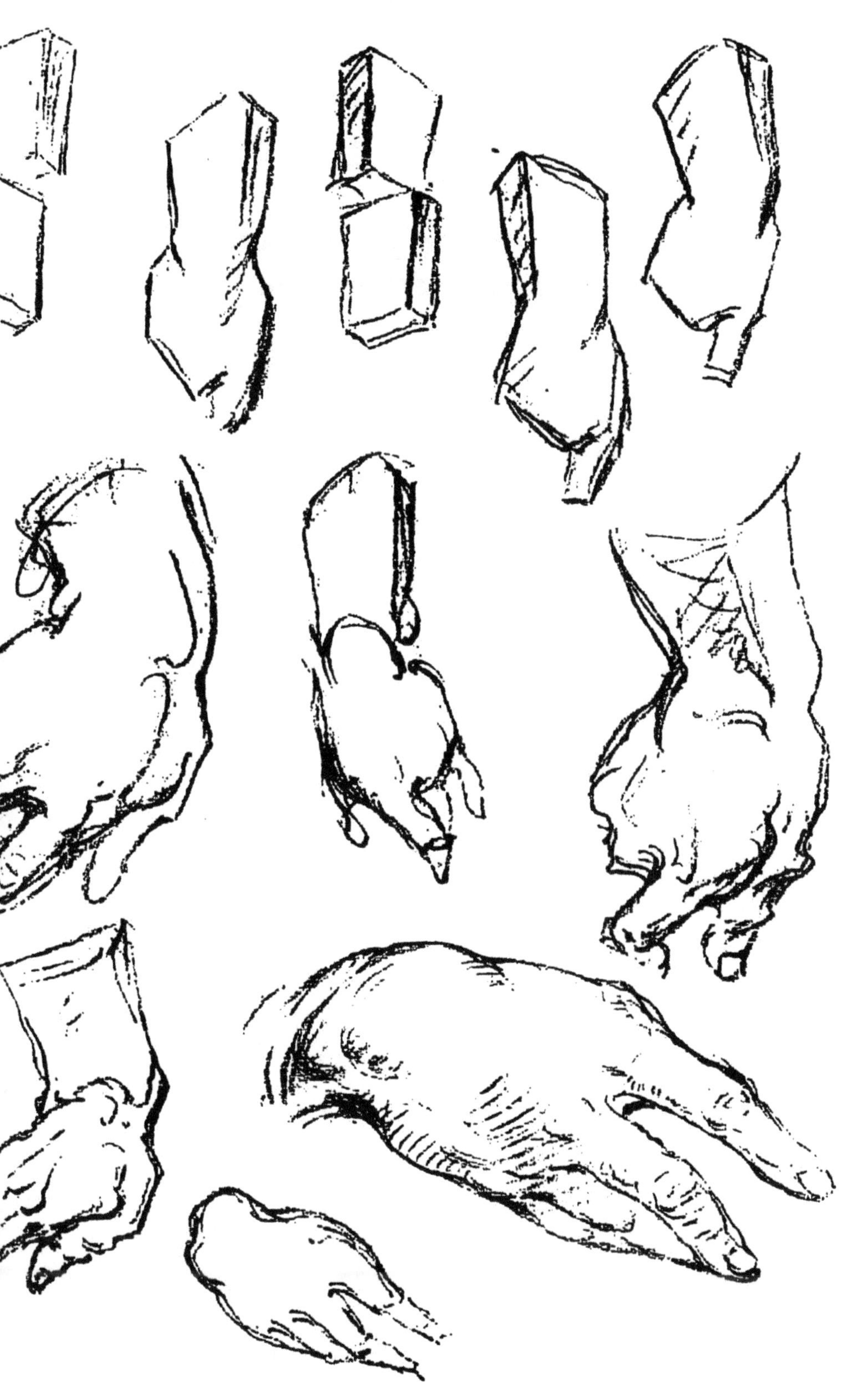

LA MANO

Masas de los dedos, mano y muñeca: Escalonado, encastrado y ensamblado.

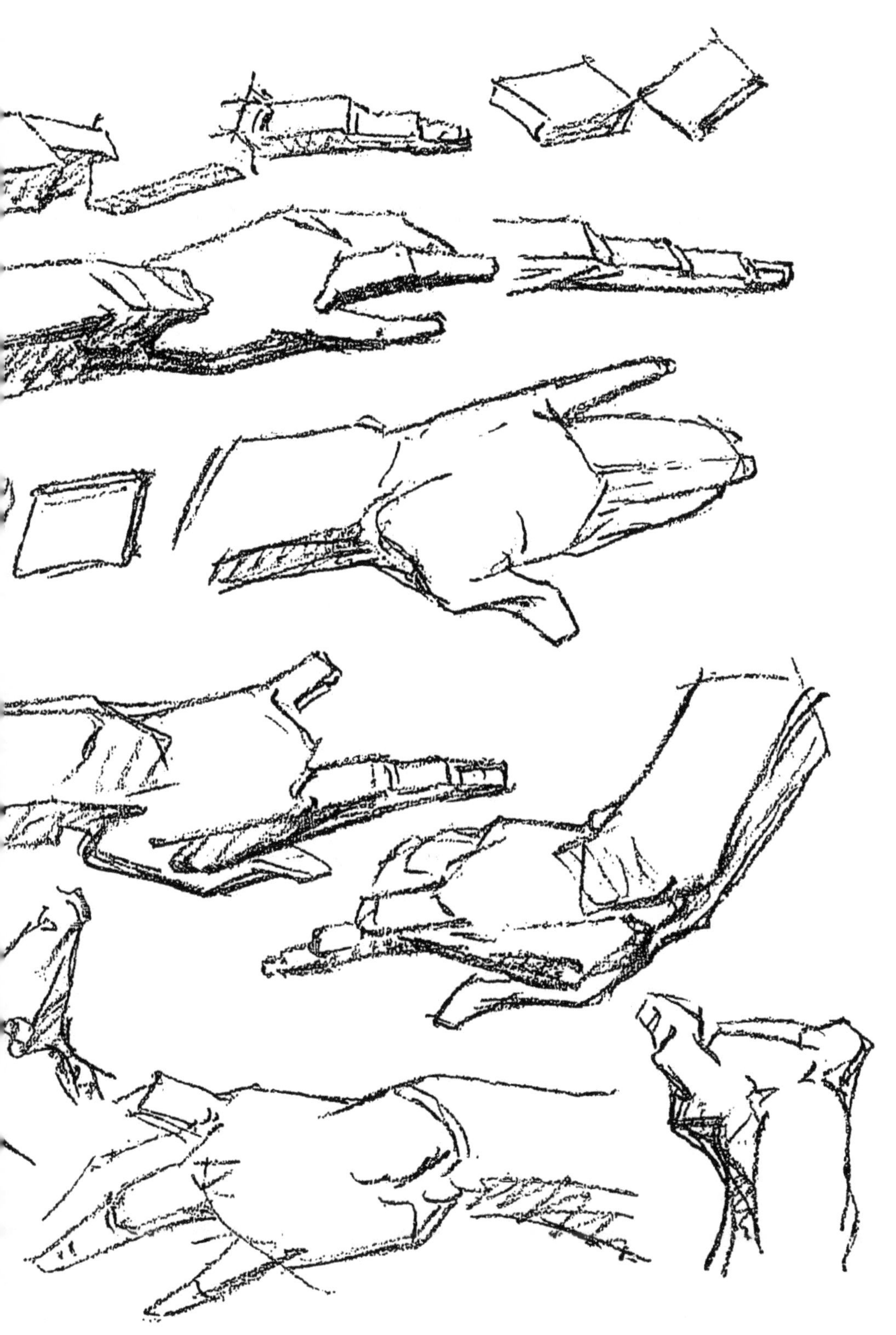

LA MANO

Ensamble de mano y muñeca: Lado del meñique

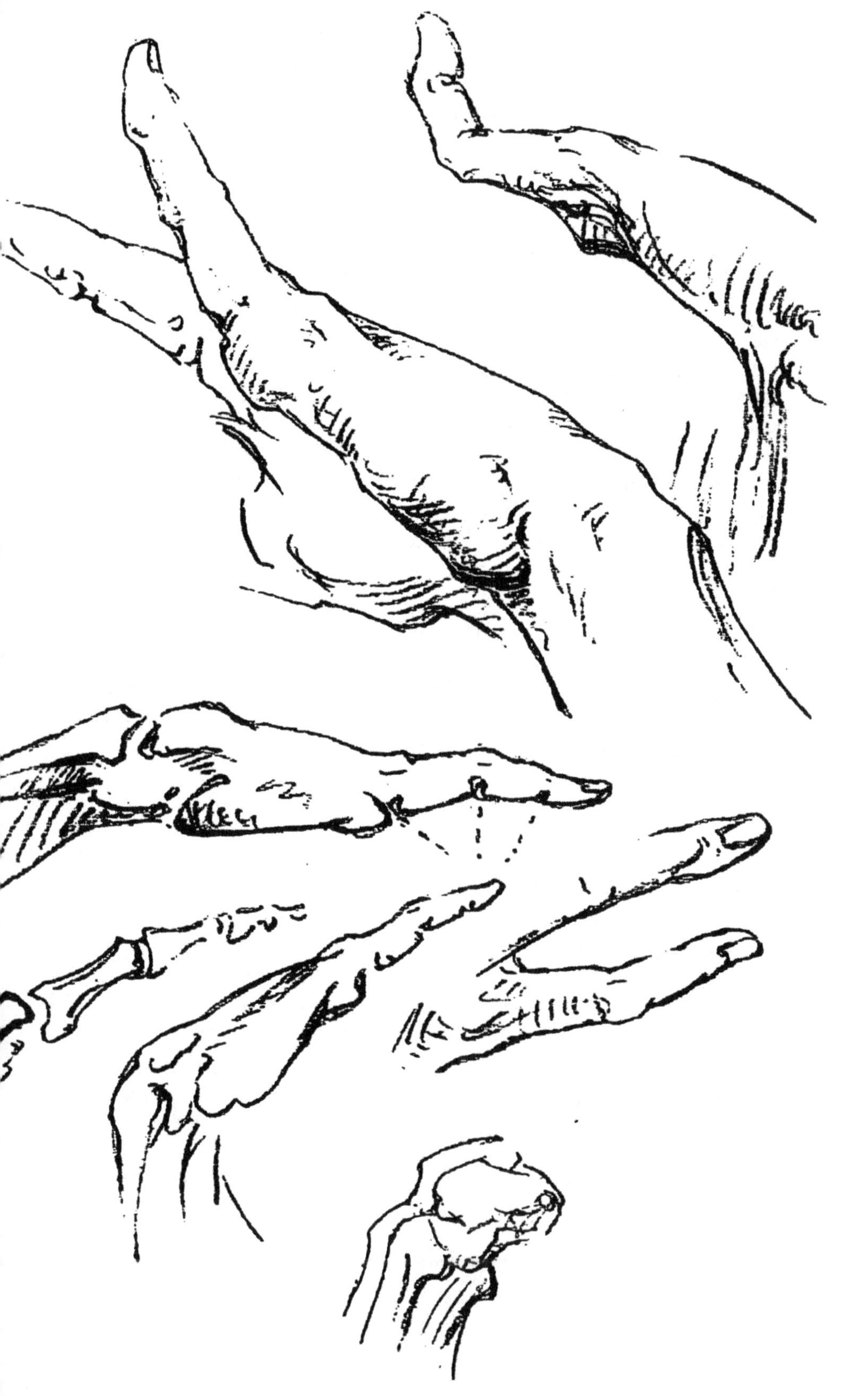

EL PULGAR

El pulgar es como el capitán de un equipo: Lidera los movimientos de los dedos, la mano y el antebrazo.

Al juntar los dedos, sus puntas forman una corona alrededor del pulgar. Al extender los dedos, todos irradian de un centro común en la base del pulgar. Si se traza una línea que conecta las puntas de los dedos extendidos, ésta forma una curva cuyo centro es también la base del pulgar. Esto también vale para las filas de articulaciones (los nudillos).

Al doblar los dedos en cualquier posición o al cerrarlos como para agarrar, los dedos forman arcos; cada arco es concéntrico sobre la base del pulgar. Al apretar los dedos, cada círculo de nudillos forma un arco con centro también en la base del pulgar.

La masa del pulgar domina la mano. Incluso el diseño y movimiento del antebrazo tienen el propósito de brindarle al pulgar el movimiento circular de mayor amplitud posible. Y a través del bíceps se puede apreciar que su movimiento comienza en realidad en el hombro.

Anatomía

El pulgar tiene tres segmentos y tres articulaciones. Sus huesos son más robustos que los de los dedos y sus articulaciones más prominentes.

Su segmento distal tiene una uña y dedos largos. El segmento medio tiene sólo tendones. El segmento basal es una masa piramidal de músculos que llega hasta la muñeca, la "línea de vida" de la palma y la base del dedo índice.

Los músculos superficiales de esta eminencia tenar son un músculo grueso, uno ancho y uno delgado. El grueso, oponente del pulgar, abraza al hueso. El ancho, abductor corto del pulgar, conforma la mayor parte de la pirámide. Y el tercero, flexor corto del pulgar, yace hacia adentro, hacia el dedo índice.

Volúmenes

El pulgar es piramidal en su base y angosto en el medio; en su extremidad tiene forma de pera. La base del pulgar mira hacia el frente más que hacia el costado; llega hasta la articulación media del dedo índice.

El último segmento, donde está la uña, se dobla bruscamente hacia atrás. Su pulpejo, que es ancho en la base, le da una apariencia algo semejante a la de un pie, expresando su función de soportar presión.

El segmento medio es cuadrado con bordes redondeados, más pequeño que los otros dos y cuenta con una pequeña almohadilla.

El segmento basal es redondeado y abultado en todas direcciones, excepto al dorso donde el hueso es superficial.

Movimientos

La última articulación tiene un solo eje de movimiento de aproximadamente un ángulo recto, en un único plano. Si se le aplica presión puede torcerse hacia los dedos.

La gruesa articulación media tiene menor libertad de movimiento, también limitada a un plano.

La articulación en la base es una articulación en silla de montar, con movimiento semejante al de un jinete en la silla, es decir con facilidad para doblarse hacia los lados pero menor facilidad para adelantarse o echarse atrás. En conjunto estos dos movimientos brindan cierto movimiento de rotación, pero permiten movimiento de torsión sólo con dificultad y esfuerzo.

EL PULGAR

Extensores del pulgar

1. Abductor largo del pulgar.
2. Extensor corto del pulgar.
3. Extensor largo del pulgar.

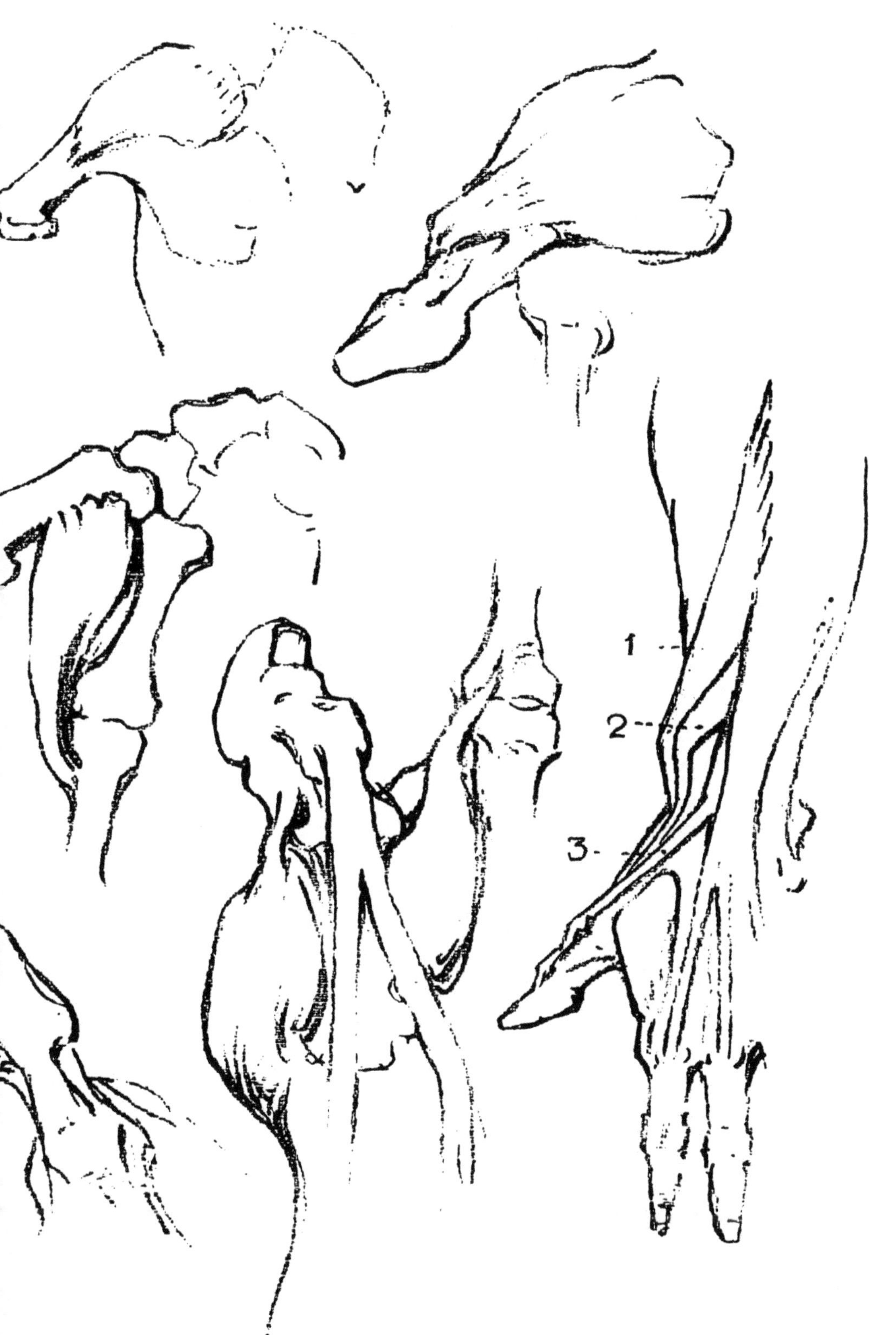

EL PULGAR

Músculos del pulgar, vista palmar

1. Flexor corto del pulgar.
2. Abductor del pulgar.
3. Oponente del pulgar.

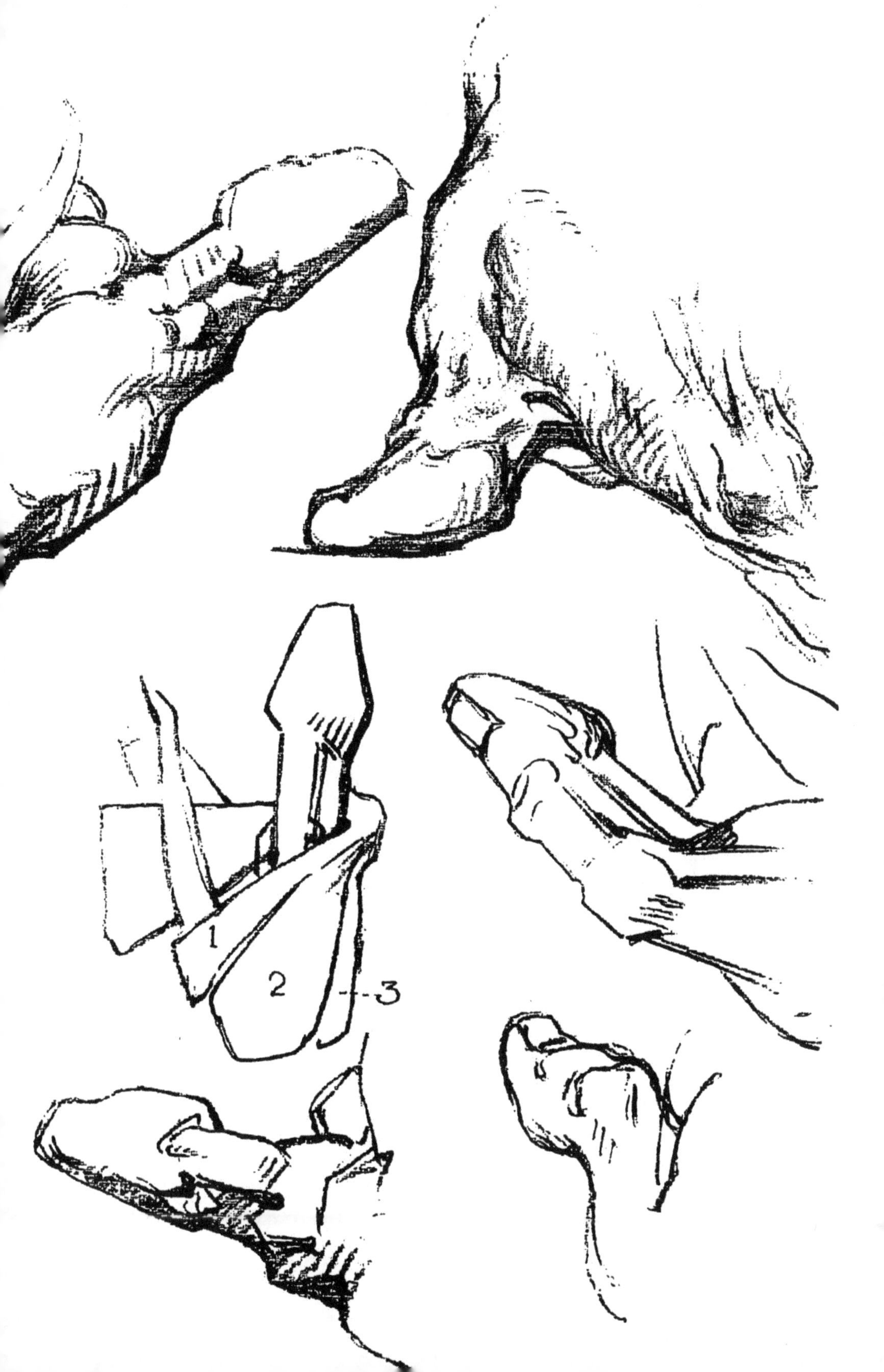

1
2
3

EL PULGAR

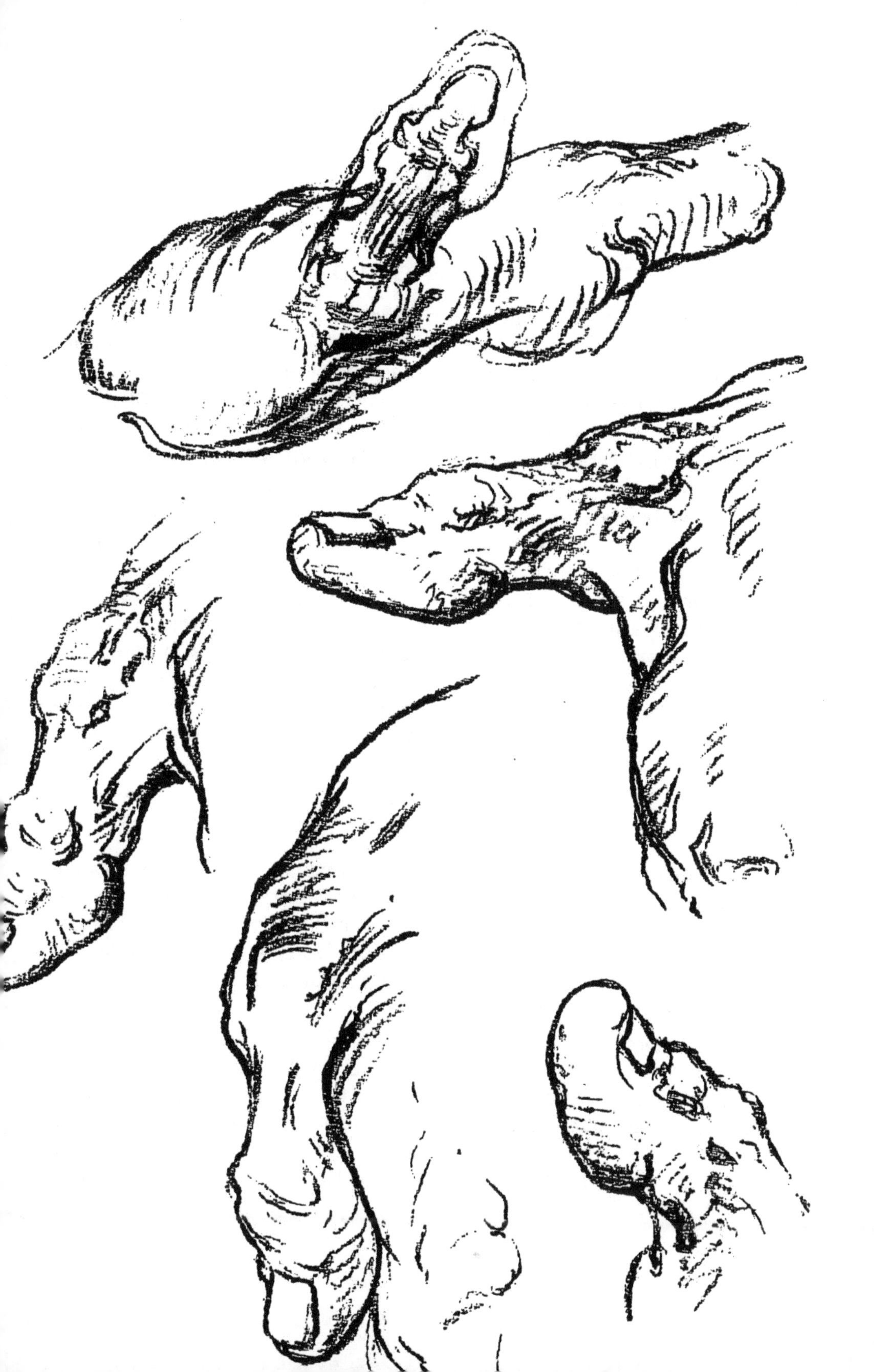

LOS DEDOS

Anatomía

Cada uno de los cuatro dedos tiene tres huesos llamados falanges, que significa "garrote" o "rodillo". Cada falange se articula por encima de la falange superior, a la que deja expuesta al doblarse. No hay músculos bajo los nudillos. A lo largo del dorso de los dedos corren tendones; en la cara anterior los dedos están cubiertos por tendones y por almohadillas de piel.

El dedo medio es el más largo y grande, porque en la mano cerrada es el opuesto al pulgar y con él soporta la mayor carga. El dedo meñique es el más pequeño y corto; tiene la mayor libertad de movimiento de todos, porque soporta la menor carga. Puede moverse hacia atrás en mayor grado que el dedo medio o el pulgar y es habitual que se lo tenga en esa posición por dos razones: Porque con frecuencia la mano se apoya sobre la base del meñique y porque al estar ubicado diagonalmente opuesto al pulgar, es el que más atrás se tuerce al girar la mano hacia afuera y por eso tiende a asumir esa posición.

Volúmenes

Todos los huesos del cuerpo son más angostos en la parte media que en los extremos, especialmente los huesos de los dedos. Las articulaciones se ven cuadradas, los cuerpos más pequeños, cuadrados también, con bordes redondeados; las puntas parecen triangulares. En cada dedo la articulación media es la más grande.

Al apretar el puño, el hueso de la mano, el metacarpiano, queda expuesto y conforma el nudillo. La primera falange se articula con él y se abulta más allá. El tendón extensor produce una cresta sobre el nudillo, al que conecta con la primera falange; pero en las articulaciones media y distal no produce una elevación sino una depresión o hendidura en medio de la articulación.

Las masas de estos segmentos —sean vistas de perfil o desde el dorso— no se ven como si estuvieran en fila a lo largo de un mismo eje central. En la vista dorsal, los dedos en su conjunto se arquean hacia el dedo medio. En la vista de perfil, cada segmento presenta un escalonamiento hasta el segmento siguiente. Los segmentos están unidos por una cuña.

Así, una serie de cuñas y cuadrados marcan el dorso de los dedos. Una cuña de punta roma entra al cuadrado de los nudillos desde arriba. Desde ésta se eleva una larga cuña que se estrecha e ingresa en el cuadrado de la articulación media, desde la cual otra cuña de punta roma también apunta hacia atrás. Aquí se eleva otra cuña que se estrecha y llega hasta la mitad del segmento. El dedo entero se estrecha desde la articulación media hasta quedar incorporado a una porción con forma de herradura, que sostiene la uña. Esta forma comienza detrás de la raíz de la uña y se bisela hasta debajo del punto en que la uña termina, en la punta del dedo. Todo el último segmento es una cuña.

La membrana interdigital llega, en el lado palmar, hasta aproximadamente la mitad del primer segmento de cada dedo. En el dorso de la mano se bisela hacia atrás y apunta a la cima del nudillo.

Los segmentos de cada dedo son de distinta longitud. Los del dedo mayor son los más largos. Desde la punta hasta la base y más allá hacia los huesos de la mano, los segmentos aumentan en longitud en proporciones precisas.

Movimientos

Cada articulación puede moverse hasta aproximadamente un ángulo recto, excepto la última que tiene un movimiento ligeramente inferior. El movimiento está limitado a un plano, excepto en la articulación metacarpofalángica que tiene también un leve movimiento lateral, como al desplegar los dedos.

LOS DEDOS

Primera comisura entre el pulgar y el índice

1. Primer interóseo dorsal.

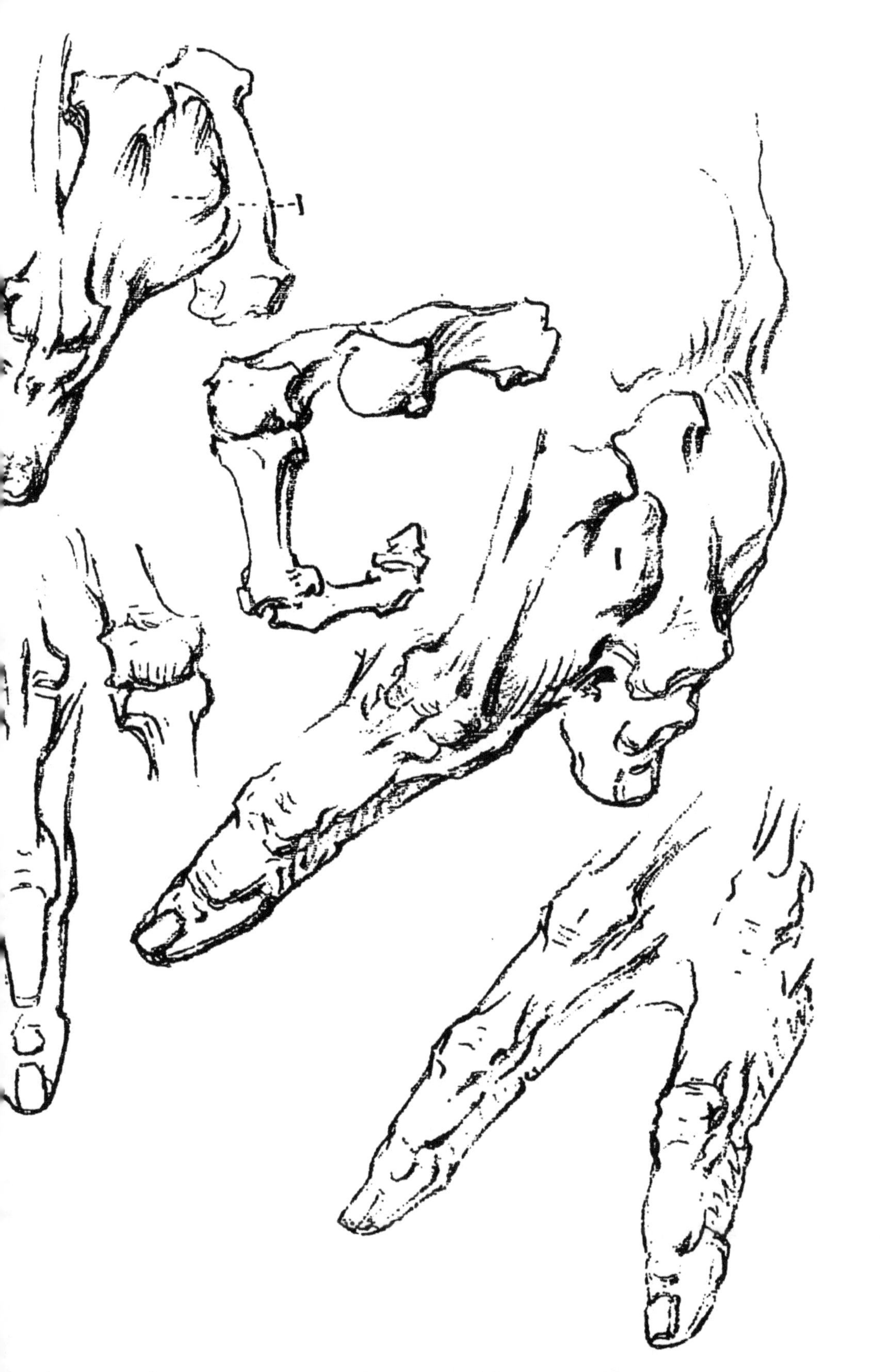

LOS DEDOS

Mecanismo del dedo índice

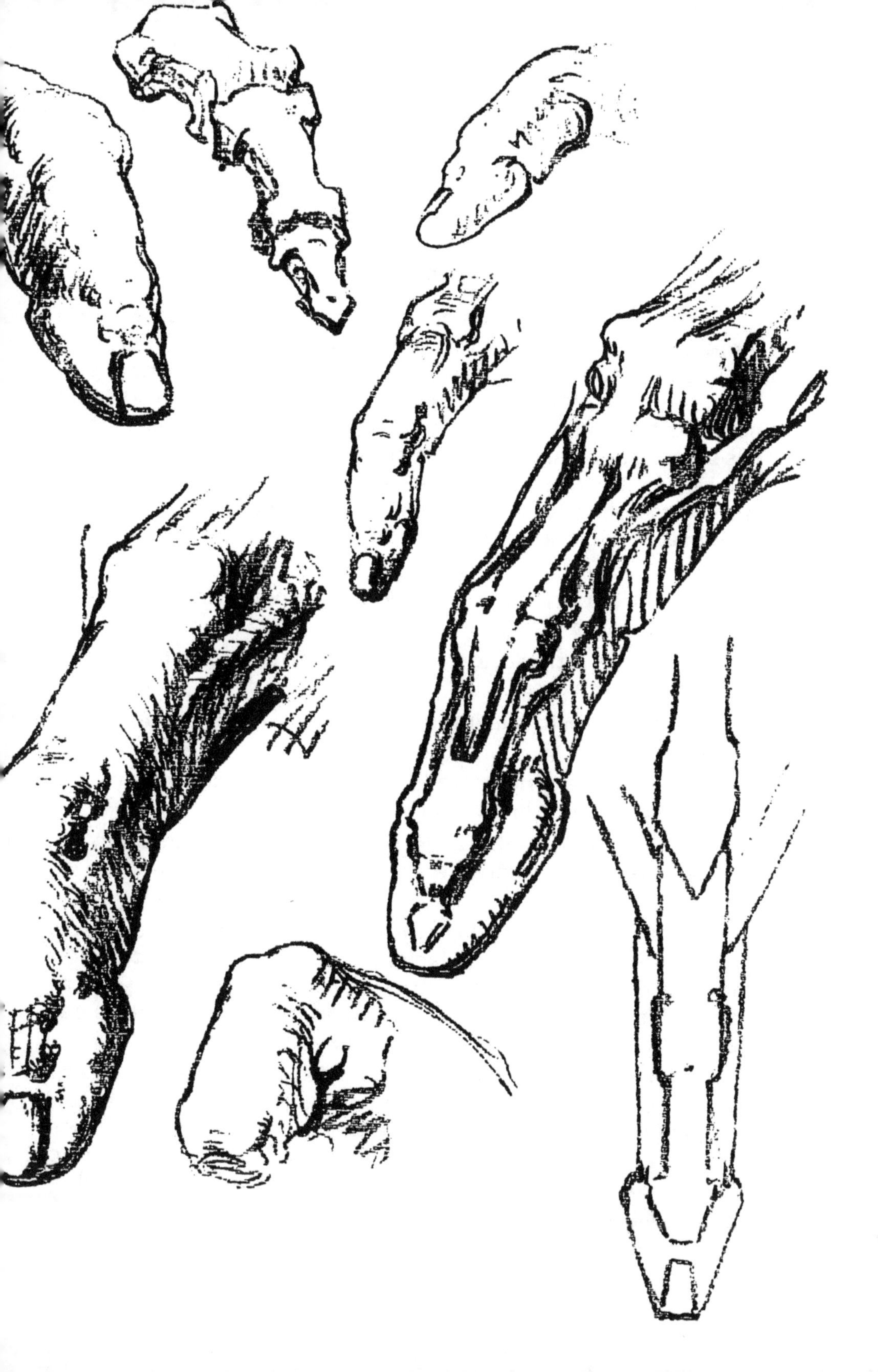

LOS DEDOS

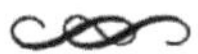

Pliegues

Los segmentos de los dedos son visibles en la cara dorsal y presentan distintas longitudes; las almohadillas —incluyendo la almohadilla de la base, que es parte de la palma— son visibles en la cara palmar y presentan la misma longitud entre sí. Por este motivo, no todos los pliegues entre las almohadillas se encuentran en el punto opuesto a la articulación. La razón se percibe fácilmente al observar un dedo cerrado sobre sí mismo: los pliegues forman una cruz, con las almohadillas tocándose en el centro y rellenando los cuatro lados de un diamante.

En el dedo índice los pliegues se encuentran en los siguientes puntos:

- Antes de la articulación interfalángica distal, es decir la última articulación.
- Del lado opuesto a la interfalángica proximal, ubicada en la articulación media.
- A mitad de camino entre la articulación media y la metacarpofalángica, que es la articulación basal.
- Del lado opuesto al nudillo basal, sobre la articulación misma, que se encuentra considerablemente más allá del punto del nudillo.

En el dedo mayor los pliegues se encuentran del lado opuesto a la última articulación, más allá de la articulación media, a mitad de camino entre la articulación media y la basal y del lado opuesto a la articulación basal. En los otros dedos la ubicación varía según cada individuo.

Todos los pliegues son transversales excepto el que se encuentra del lado opuesto a la articulación basal, que es un pliegue largo y ondulado sobre la palma. Los pliegues basales del índice y del meñique se inclinan hacia abajo del lado de afuera; cuando se extienden los dedos forman una curva alrededor del pulgar.

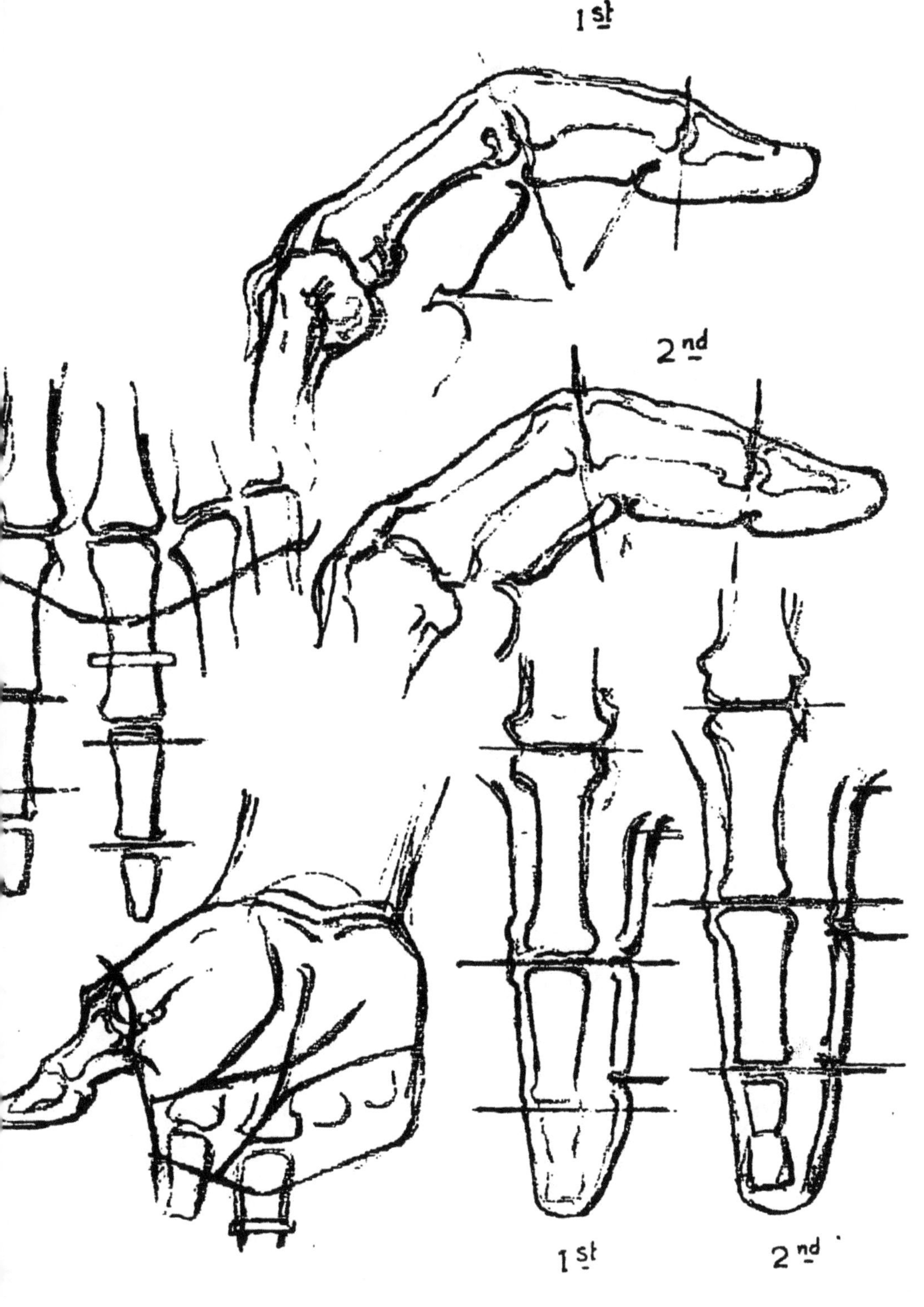

1 st
2 nd
1 st
2 nd

LOS DEDOS

Dedos

1. Interóseos dorsales de la mano.
2. Tendones del dedo, cara dorsal.
3. Tendones del dedo, cara palmar.

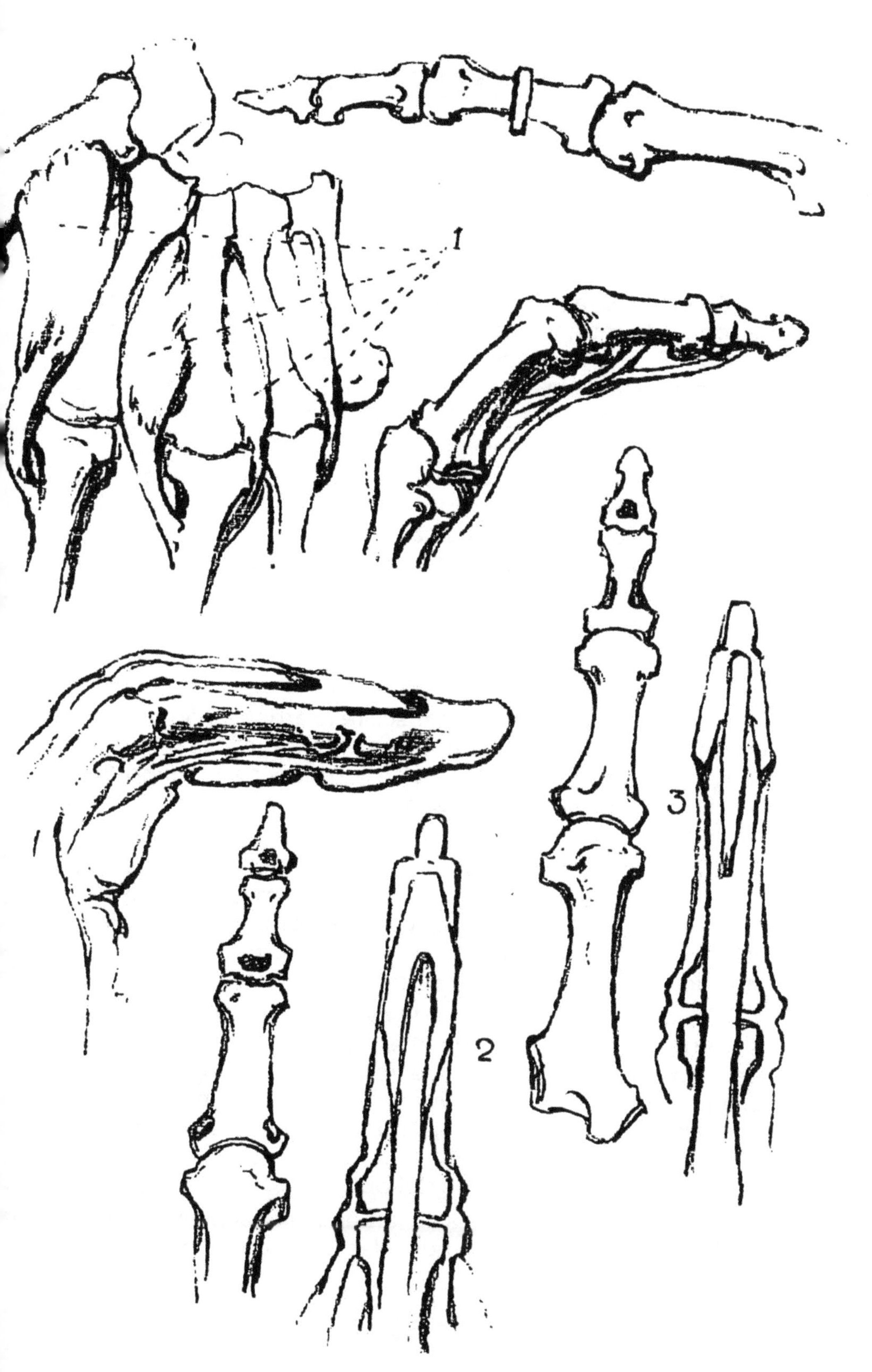

1
2
3

El antebrazo

Anatomía y movimientos

En el antebrazo hay dos huesos, uno junto al otro. Uno es grande en la muñeca, donde conforma dos tercios de la articulación. El otro es grande en el codo, donde también conforma dos tercios de la articulación. Están unidos por sus lados y se mueven como un largo pedazo de cartón doblado en diagonal.

El hueso grande en el codo se llama cúbito. Tiene una articulación en bisagra y se mueve al doblar el codo. El otro hueso se desliza al moverse la bisagra. Este segundo hueso es el radio o "hueso giratorio". Es grande en la muñeca y maneja la muñeca y la mano.

En el cúbito, del lado diagonalmente opuesto al pulgar, hay una protuberancia ósea que sirve como punto de giro tanto para el radio como para el pulgar.

Los músculos deben pasar sobre la articulación que mueven y así los músculos que abultan el antebrazo son principalmente los flexores y extensores de la muñeca y la mano. Sobre ellos se encuentran los pronadores y los supinadores del radio, que llegan hasta más alto en el brazo.

Los flexores (que flexionan o doblan) y pronadores (que rotan la palma hacia abajo) conforman la masa interna o medial en el codo. Los extensores y supinadores (que rotan la palma hacia arriba) conforman la masa externa o lateral. Entre estas dos masas en el codo se encuentra la fosa del codo.

Las dos masas se elevan desde los epicóndilos del húmero, el hueso del brazo. Desde el epicóndilo interno (epitróclea), que siempre es un punto de referencia, se eleva el grupo flexo-pronador. Se trata de una masa gruesa que se abulta levemente y se afina hacia la muñeca, pero que en la superficie deja ver el pronador redondo, cuya función de giro le exige yacer en diagonal hacia el lado del pulgar.

Al voltear la mano hacia afuera, el epicóndilo externo queda oculto por su masa muscular, el grupo de músculos extensores y supinadores. Esta masa se abulta hacia arriba y se vuelve tendinosa a mitad de camino hacia abajo. Su músculo dominante es el supinador largo, que llega hasta el primer tercio del brazo. Este músculo se ensancha hasta llegar al codo, luego del cual se angosta; hacia el otro lado se pierde a mitad del antebrazo. Al girar, este borde sigue la dirección del pulgar y cubre el epicóndilo cuando el brazo se encuentra recto con el antebrazo.

Visto desde atrás, el codo presenta tres protuberancias óseas: los dos epicóndilos antes mencionados y, entre ellos, el extremo superior del cúbito, que forma el codo propiamente dicho, el olécranon. Éste se eleva cuando el brazo se encuentra recto y desciende cuando el brazo se flexiona. Las masas musculares del antebrazo se encuentran unas con otras a mitad de camino hacia abajo, de modo que el cúbito conforma una delgada daga de hueso que apunta hacia el dedo meñique.

Volúmenes

Las formas del antebrazo se describen en las páginas siguientes, en las secciones sobre el brazo y el hombro.

EL BRAZO

Anatomía

El hueso del brazo es el húmero. Su extremo superior, redondeado y grande, conforma el extremo que se une con la escápula. Su extremo inferior es aplanado hacia los lados, donde conforma los cóndilos, para poder articularse al cúbito y al radio. El cuerpo en sí es recto, casi redondo y totalmente cubierto de músculos excepto en los cóndilos.

El músculo braquial se encuentra en la cara anterior y en el plano condilar. Es un músculo ancho, plano y corto que sube hasta la mitad del brazo. Por encima del braquial se encuentra el bíceps, que es delgado, alto y largo y llega hasta el hombro; su extremo superior se achata cuando comienza a dividirse en dos cabezas. Una de las cabezas pasa hacia el interior y se inserta en la apófisis coracoides bajo el hombro; la otra pasa por fuera, surcando la cabeza del húmero, para sujetarse a la escápula por sobre la articulación del hombro, debajo del deltoides.

En la cara dorsal, detrás de la superficie compuesta por los dos cóndilos, elevándose desde el olécranon o prominencia central del codo, se encuentra el músculo tríceps ("de tres cabezas"). Su cabeza lateral comienza cerca del cóndilo y ocupa la parte superior y externa de la superficie dorsal del húmero. Su cabeza medial comienza cerca del cóndilo interno y ocupa la parte interna e inferior del hueso. Su porción central se extiende diagonalmente hacia adentro y arriba hasta el dorso de la escápula. Las tres porciones convergen sobre el tendón ancho y plano desde el olécranon, formando una cuña rodeada de dos alas de músculo. Sobre el tríceps también se superpone el deltoides desde arriba.

Entre el tríceps y el bíceps hay surcos. El cóndilo interno se hunde en el surco interno; por arriba lo rellena el músculo coracobraquial, que entra en la axila.

El cóndilo externo se hunde por debajo en el surco externo. A su vez, el ápice del deltoides se hunde en él a mitad del brazo cubriendo los extremos superiores del bíceps y del tríceps.

Huesos del brazo:

1. Húmero.

Huesos del antebrazo:

2. Cúbito (lado del dedo meñique).

3. Radio (lado del pulgar).

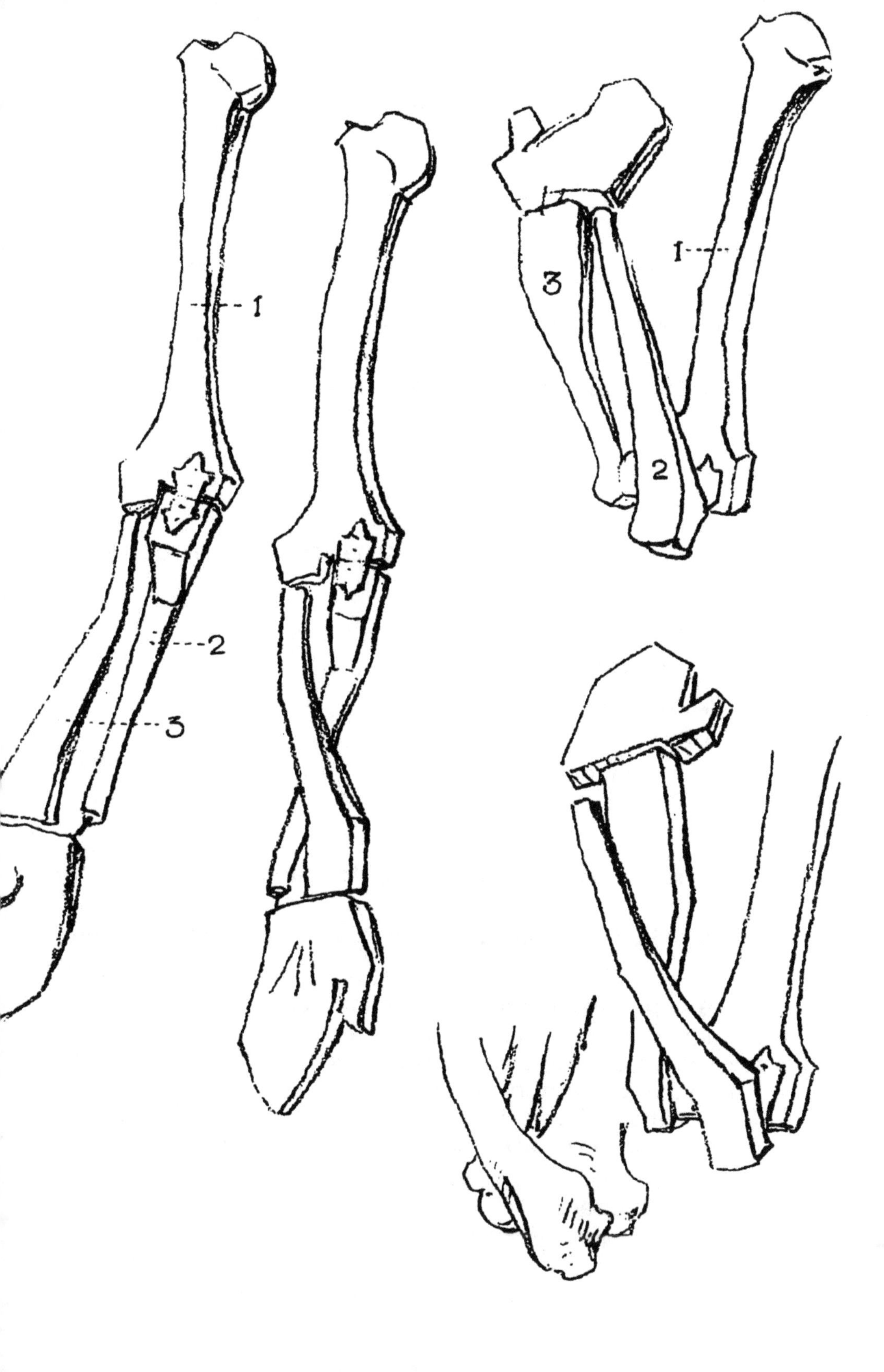

1
2
3
3
1
2
1

EL BRAZO

Huesos del miembro superior

Húmero — brazo
Radio — antebrazo, lado del pulgar
Cúbito — antebrazo, lado del meñique

Músculos del miembro superior, cara anterior:

1. Coracobraquial.
2. Bíceps.
3. Braquial.
4. Pronador redondo.
5. Flexores.
6. Supinador largo.

Coracobraquial: Desde la apófisis coracoides hasta la mitad del húmero, del lado interno.

Acción: Tracciona adelante y rota hacia afuera el húmero.

Bíceps: La porción larga comienza en la tuberosidad supraglenoidea de la escápula y desciende por la corredera del húmero. La porción corta se origina en la apófisis coracoides por un tendón común con el coracobraquial. Ambos músculos se reúnen e insertan mediante un tendón común en la parte inferior de la tuberosidad bicipital del radio.

Acción: Deprime la escápula, flexiona el antebrazo, rota el radio hacia afuera.

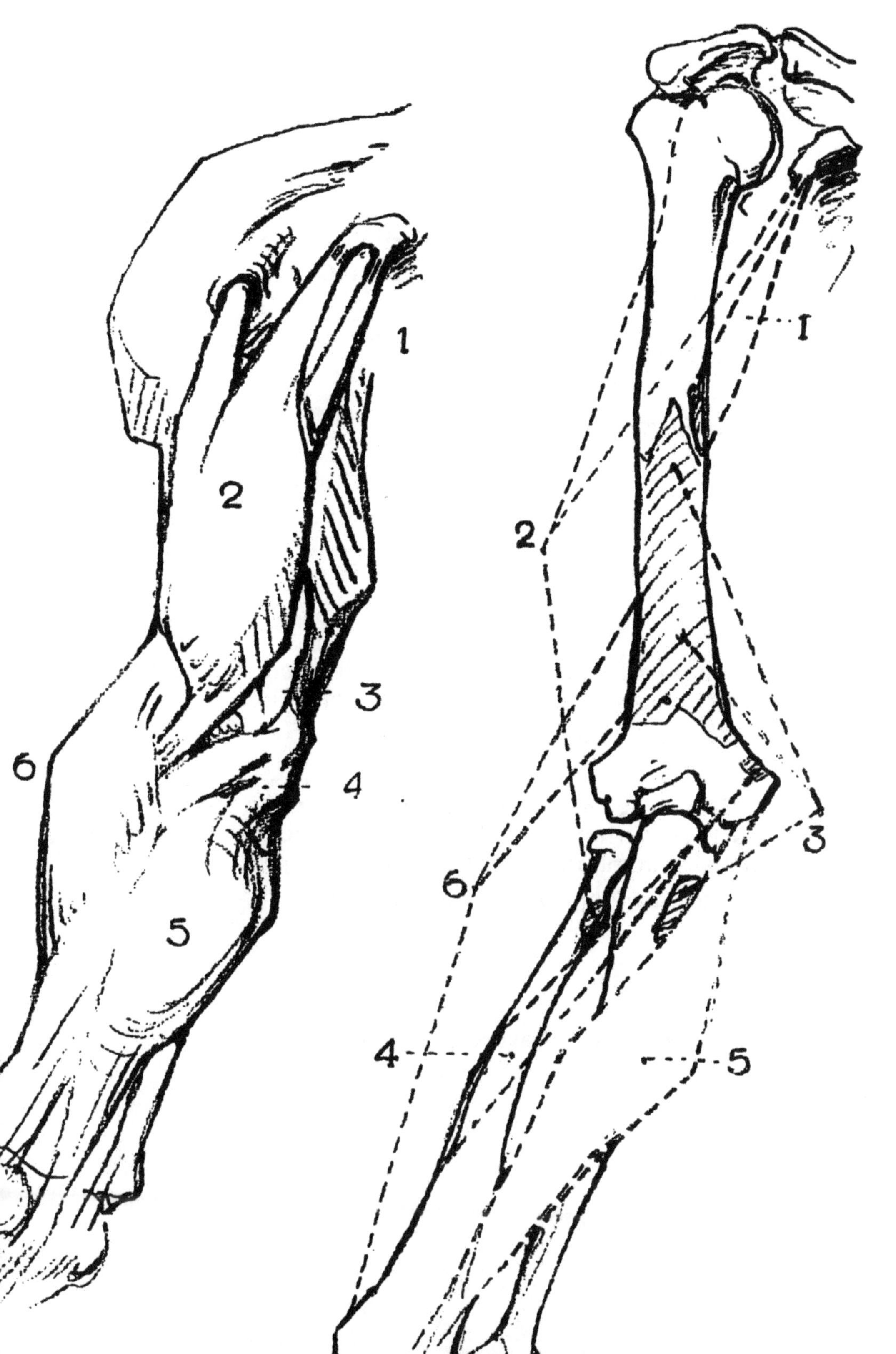

EL BRAZO

Supinación y pronación del antebrazo, cara anterior

1. Supinador largo.
2. Pronador redondo.
3. Flexores.

Supinador largo: Desde el borde lateral del cuerpo del húmero hasta la apófisis estiloides del radio.

Acción: Supina el antebrazo.

Pronador redondo: Desde el epicóndilo medial o interno (fascículo humeral) y de la apófisis coronoides (fascículo cubital) hasta la mitad del radio, del lado externo.

Acción: Prona y flexiona el antebrazo.

Ver **Grupo de flexores**, página 80.

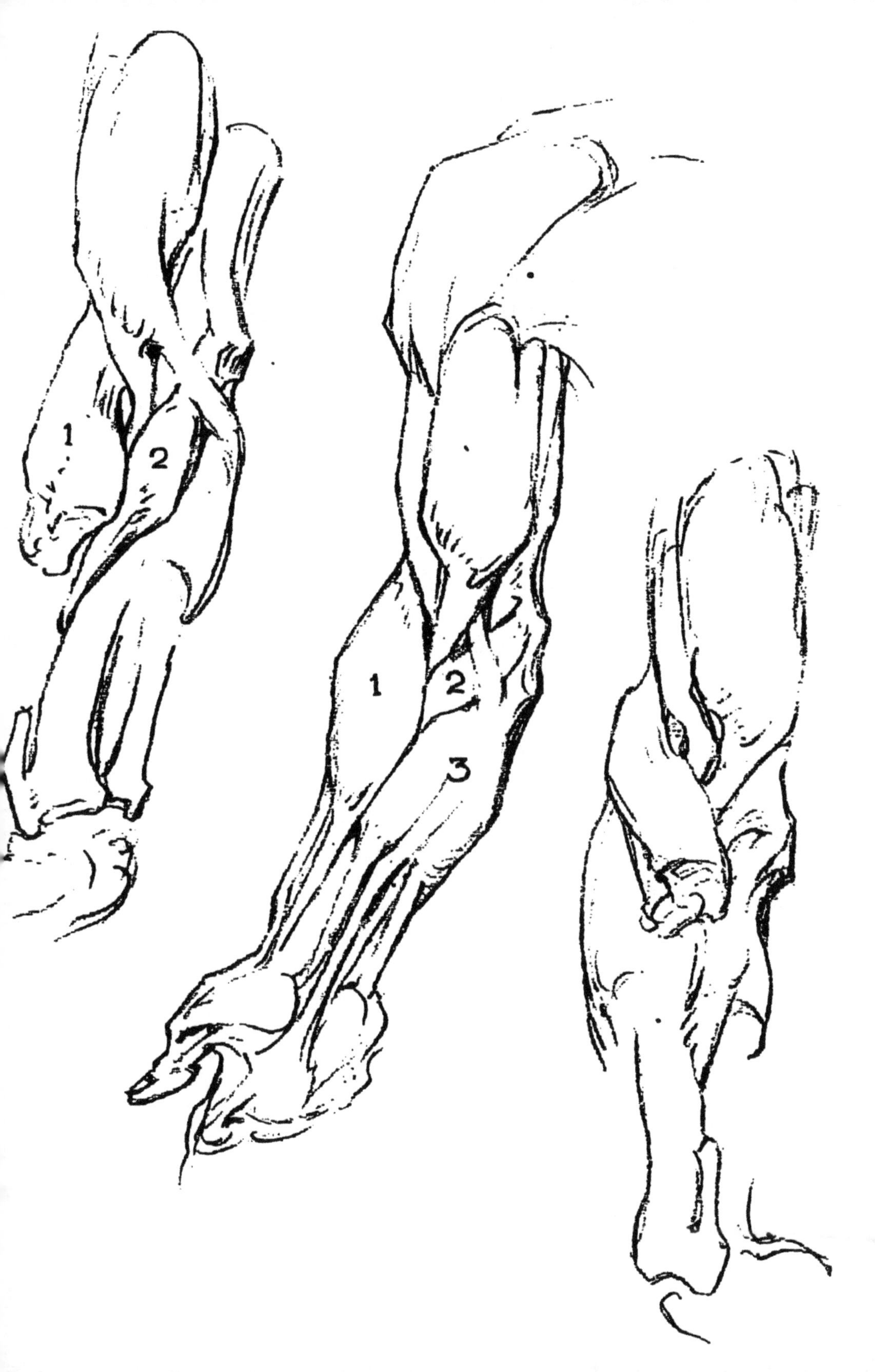

1
2
1
2
3

EL BRAZO

Masas del brazo, antebrazo y muñeca
Encastre y engranaje

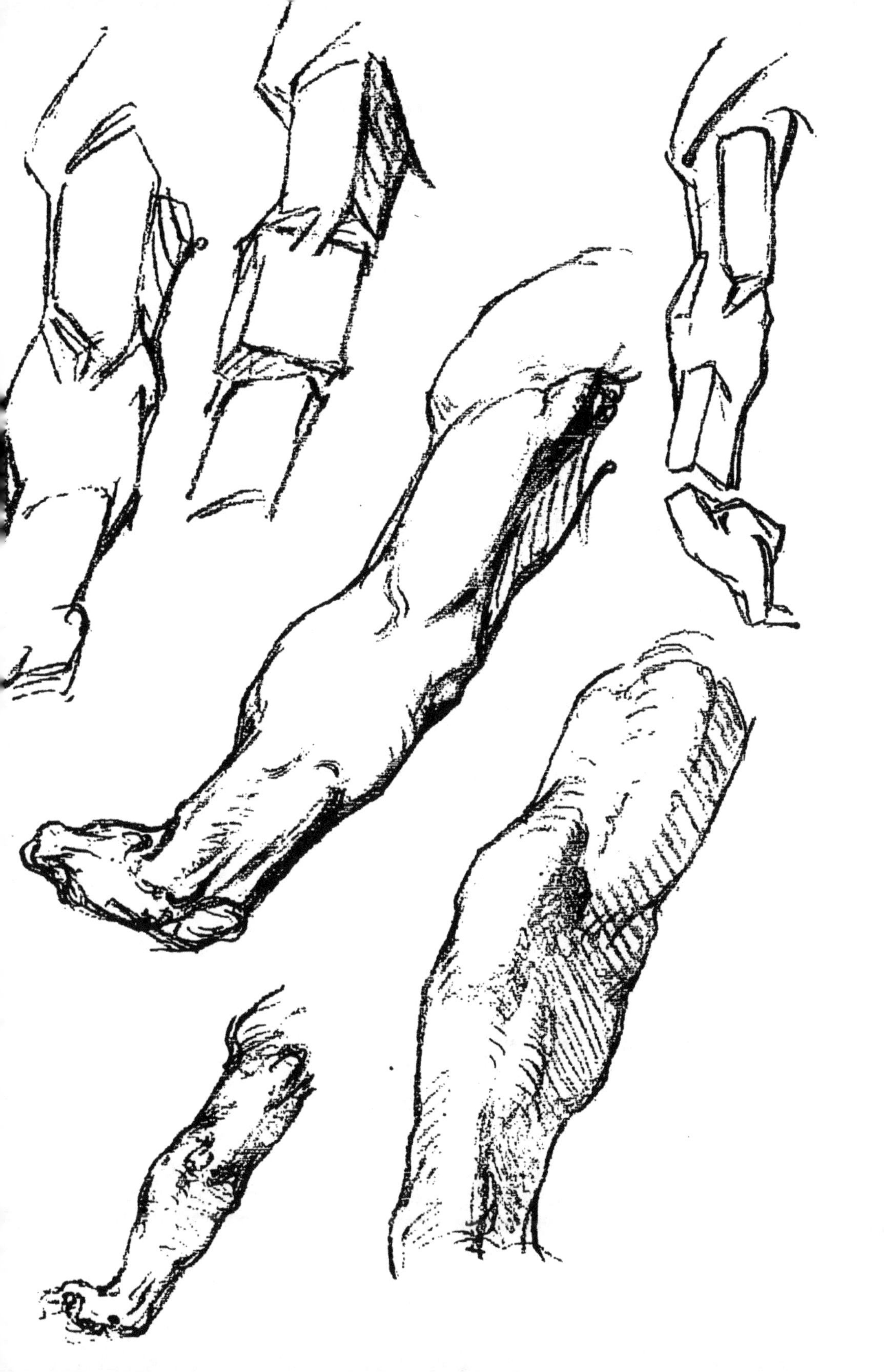

EL BRAZO

Músculos del brazo, cara lateral

Lado del pulgar hacia el cuerpo

1. Coracobraquial.
2. Bíceps.
3. Braquial.
4. Supinador largo.
5. Extensor radial largo del carpo.
6. Pronador redondo.
7. Flexores, agrupados.

Músculo braquial: Desde la cara anterior del húmero en la mitad inferior hasta el cúbito.

Acción: Flexiona el antebrazo.

Extensor radial largo del carpo: Desde el epicóndilo externo o medial hasta la base del segundo metacarpiano.

Acción: Extiende la muñeca.

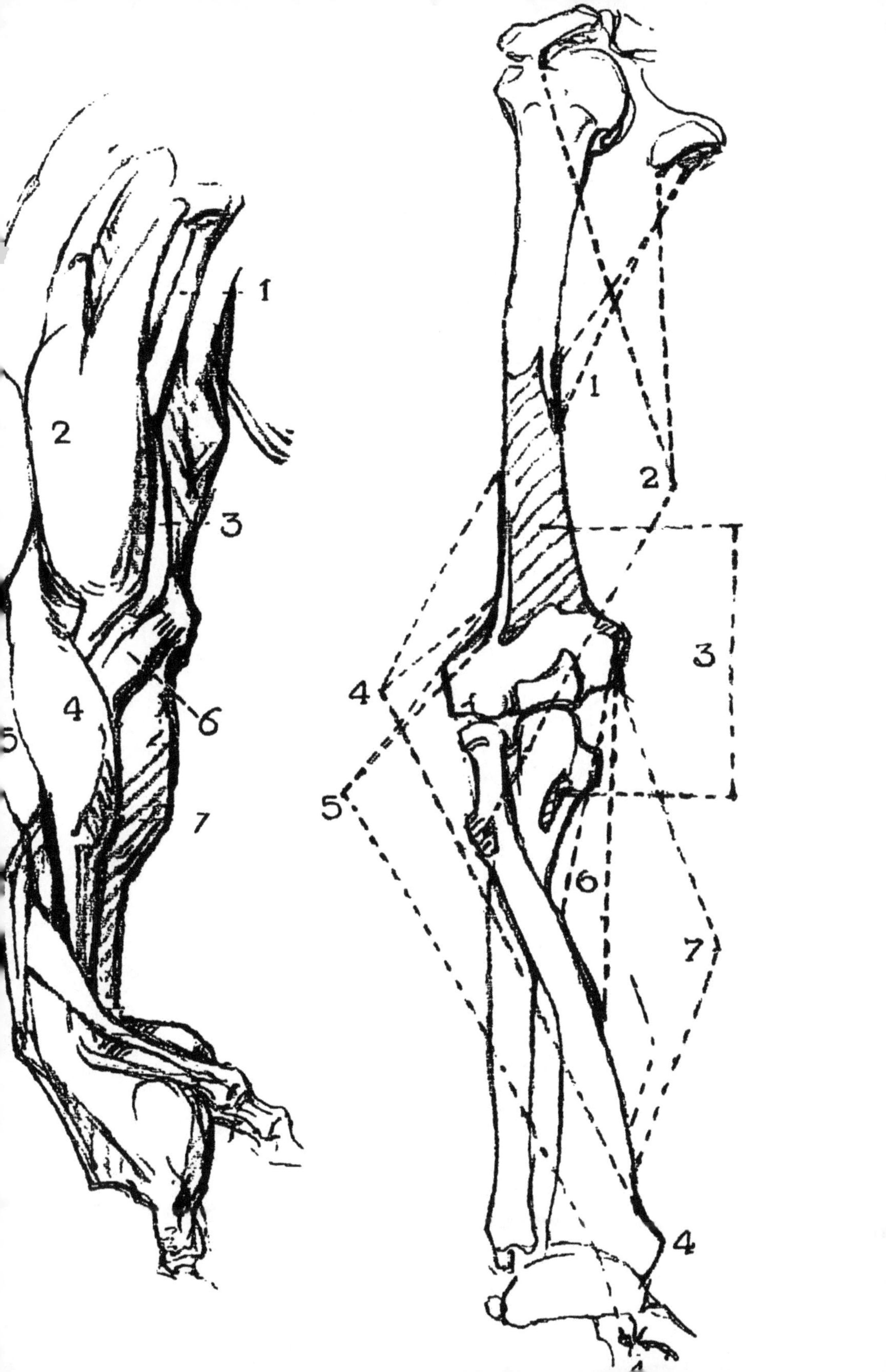

1
2
3
4
5
6
7
1
2
3
4
5
6
7

EL BRAZO

Giro de la mano en el antebrazo
y el antebrazo en el brazo

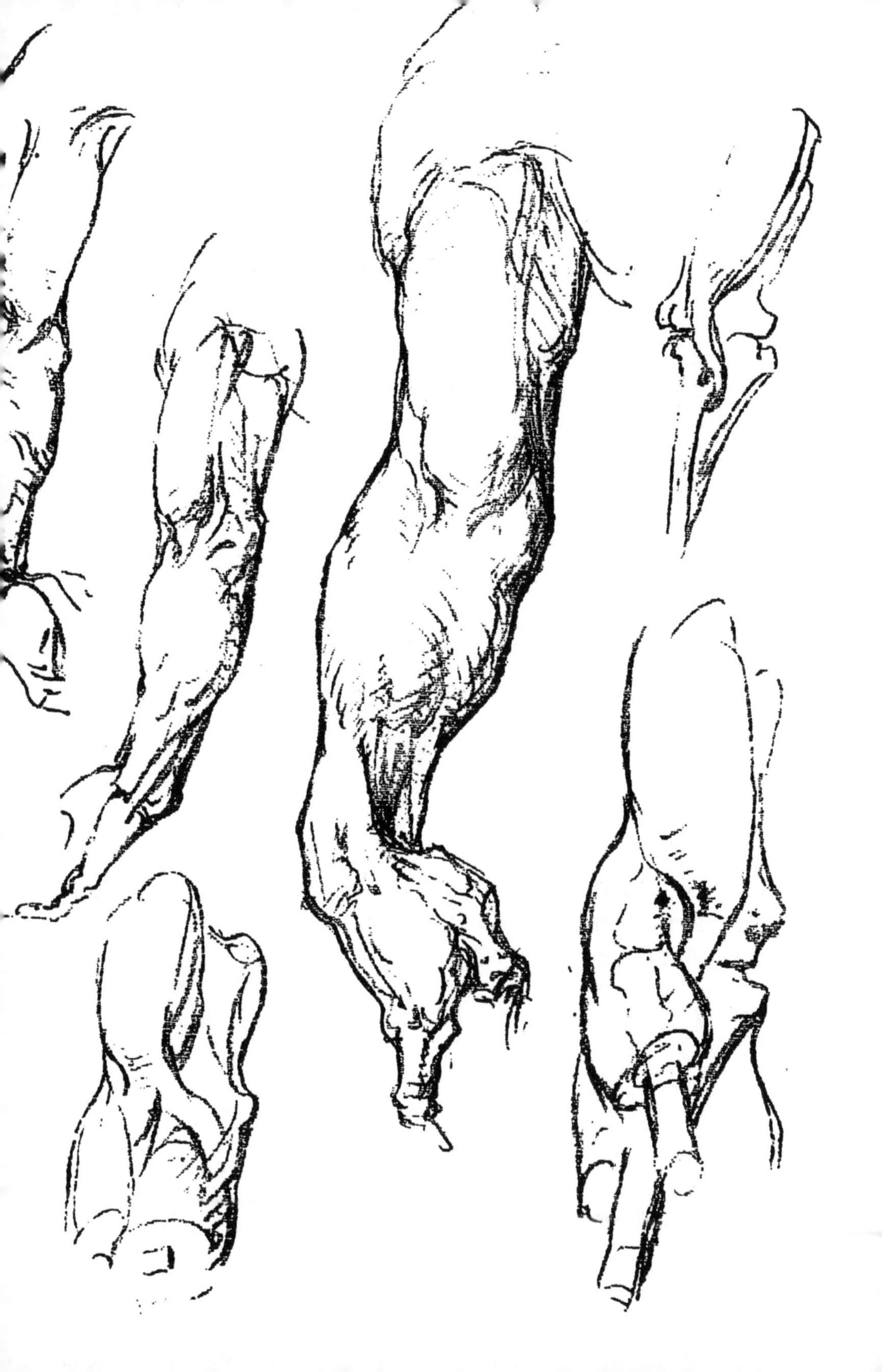

EL BRAZO

Músculos del miembro superior, cara lateral

1. Tríceps.
2. Supinador largo.
3. Extensor radial largo del carpo.
4. Ancóneo.
5. Extensores.

Ancóneo: Desde el dorso del epicóndilo lateral hasta el olécranon y cuerpo del cúbito.

Acción: Extiende el antebrazo.

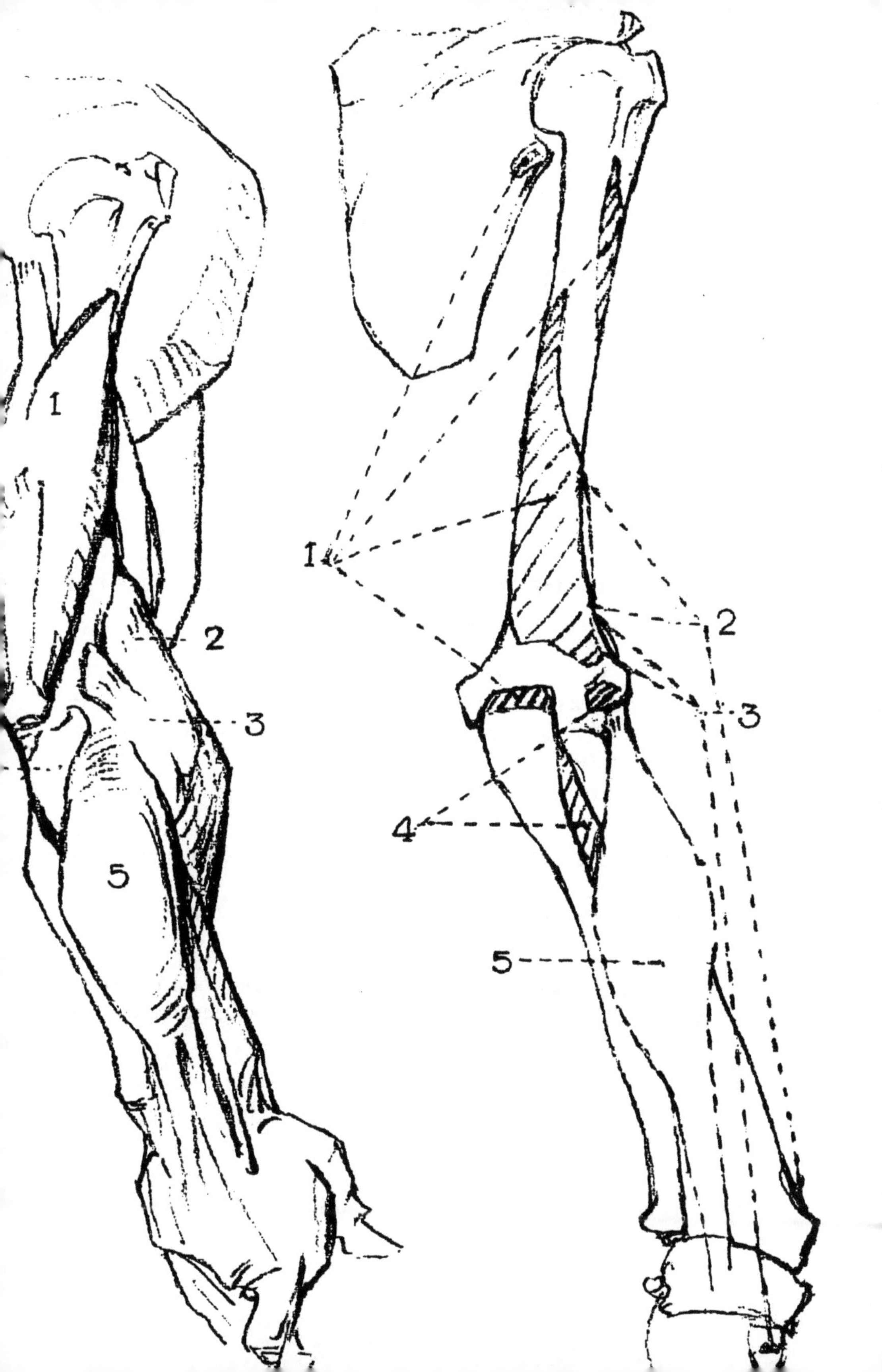

EL BRAZO

Masa muscular del antebrazo, cara posterior

1. Extensor cubital del carpo.
2. Extensor común de los dedos.

Grupo extensor desde el epicóndilo lateral del húmero

Extensor común de los dedos: Desde el epicóndilo lateral hasta las segundas y terceras falanges de todos los dedos excepto el pulgar.

Acción: Extiende los dedos.

Extensor propio del meñique: Desde el epicóndilo lateral hasta la segunda y tercera falange del dedo meñique.

Acción: Extiende el meñique.

Extensor cubital del carpo: Desde el epicóndilo lateral y dorso del cúbito hasta la base del quinto metacarpiano.

Acción: Extiende y aduce la muñeca.

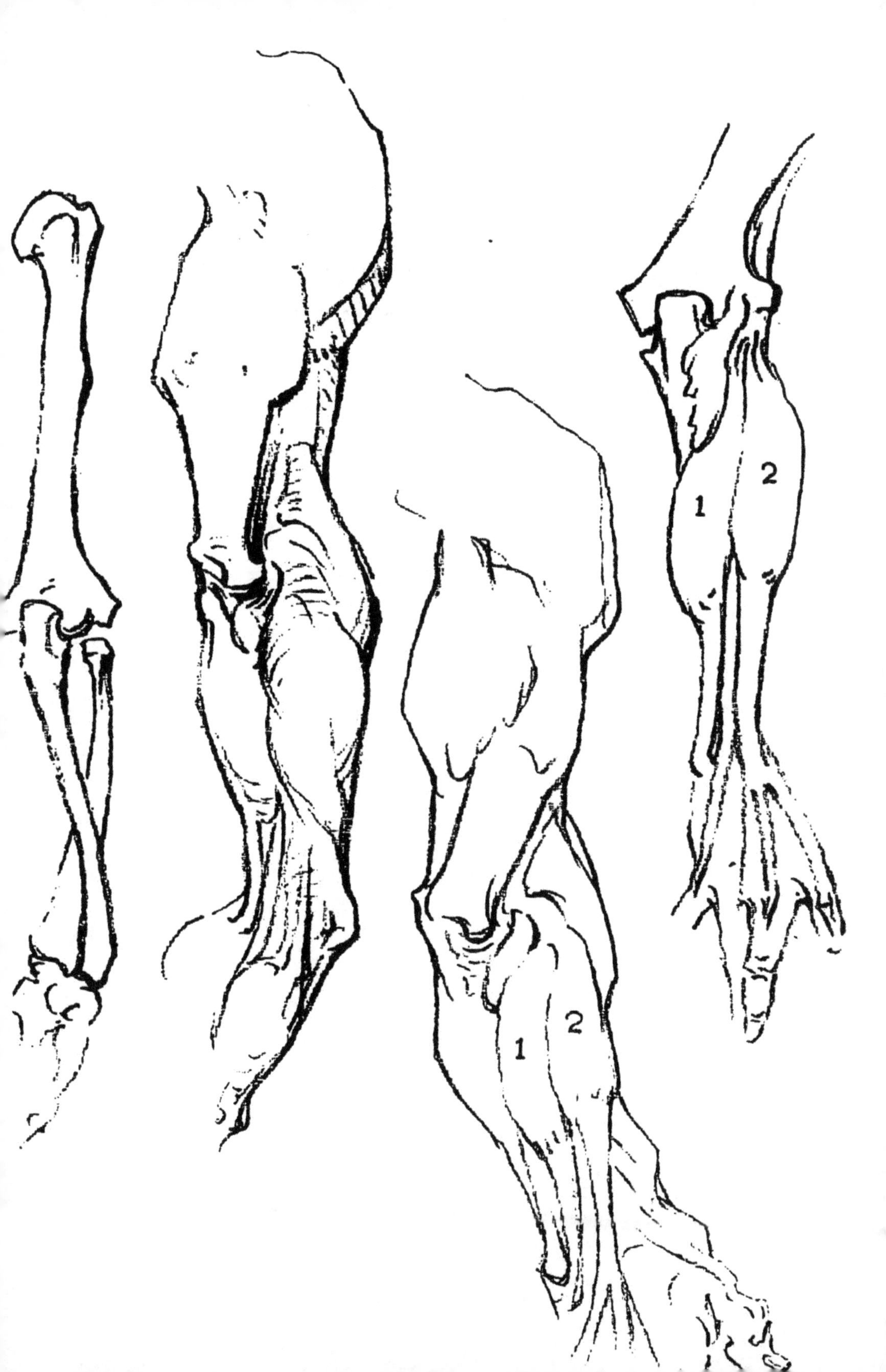
1
2
1
2

EL BRAZO

Encastre del brazo dentro del antebrazo, cara posterior

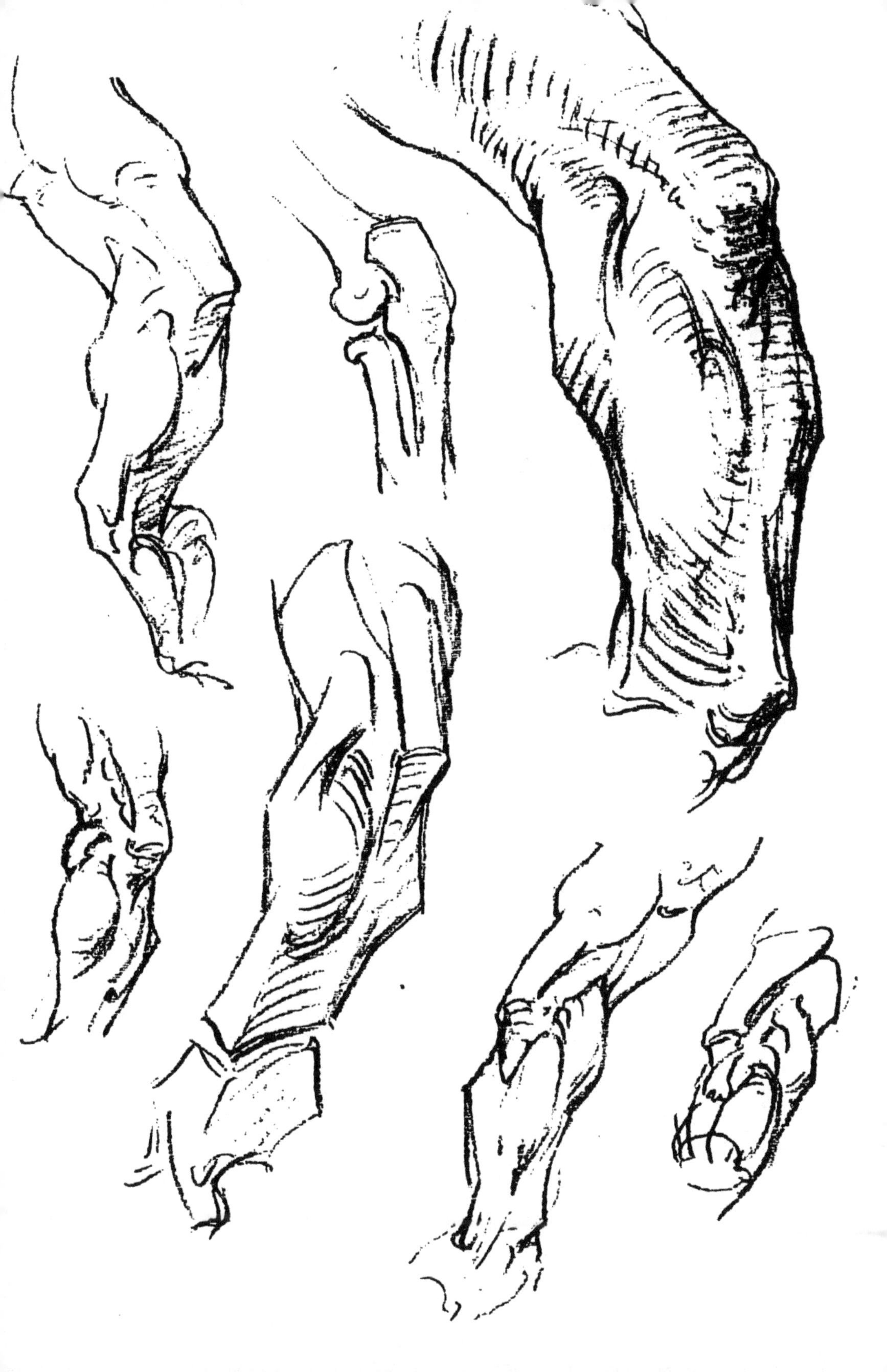

EL BRAZO

Encastre del brazo dentro del antebrazo, en el codo

1. Bíceps.
2. Tríceps.
3. Supinador largo.
4. Flexores.
5. Extensores.

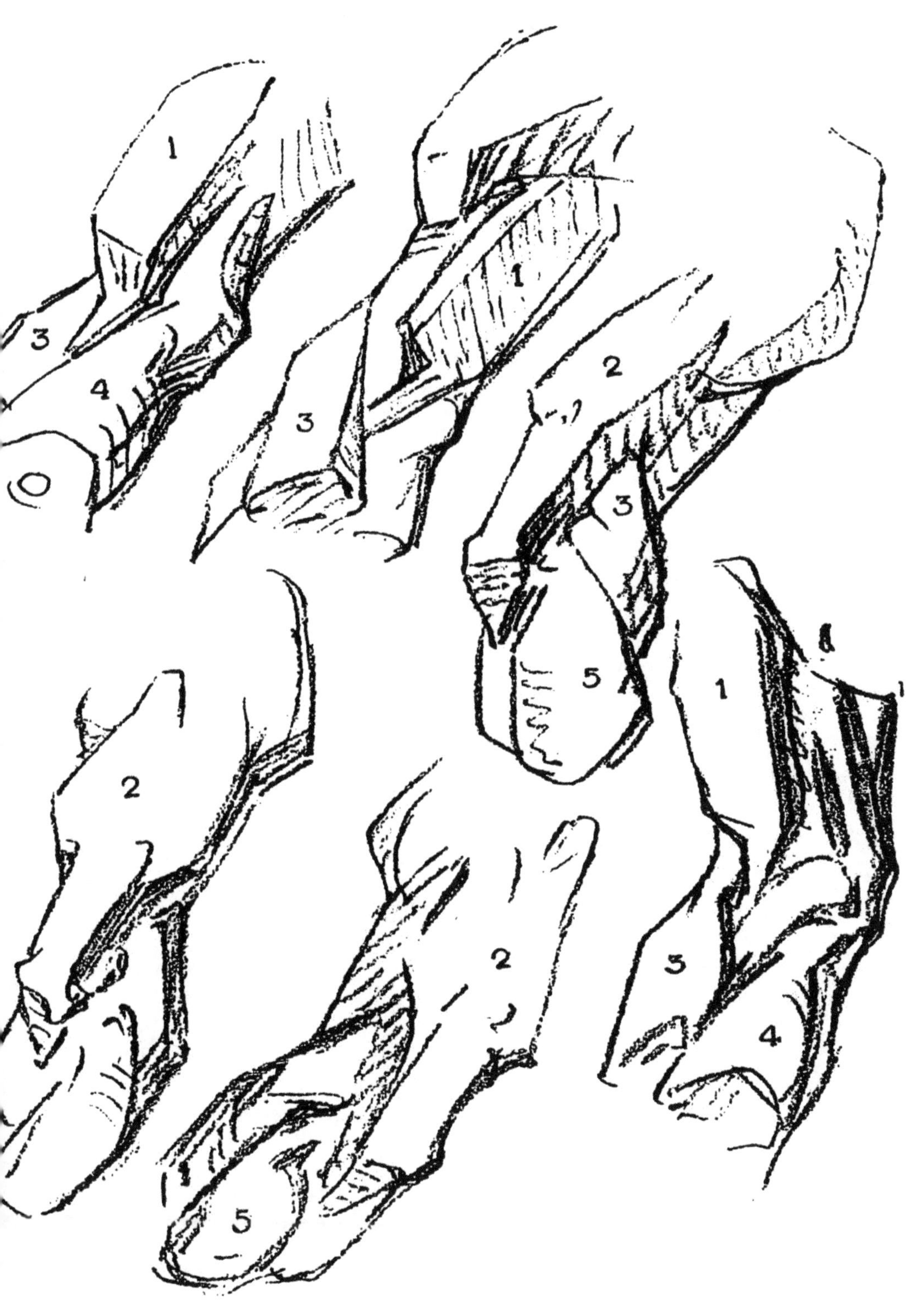

EL BRAZO

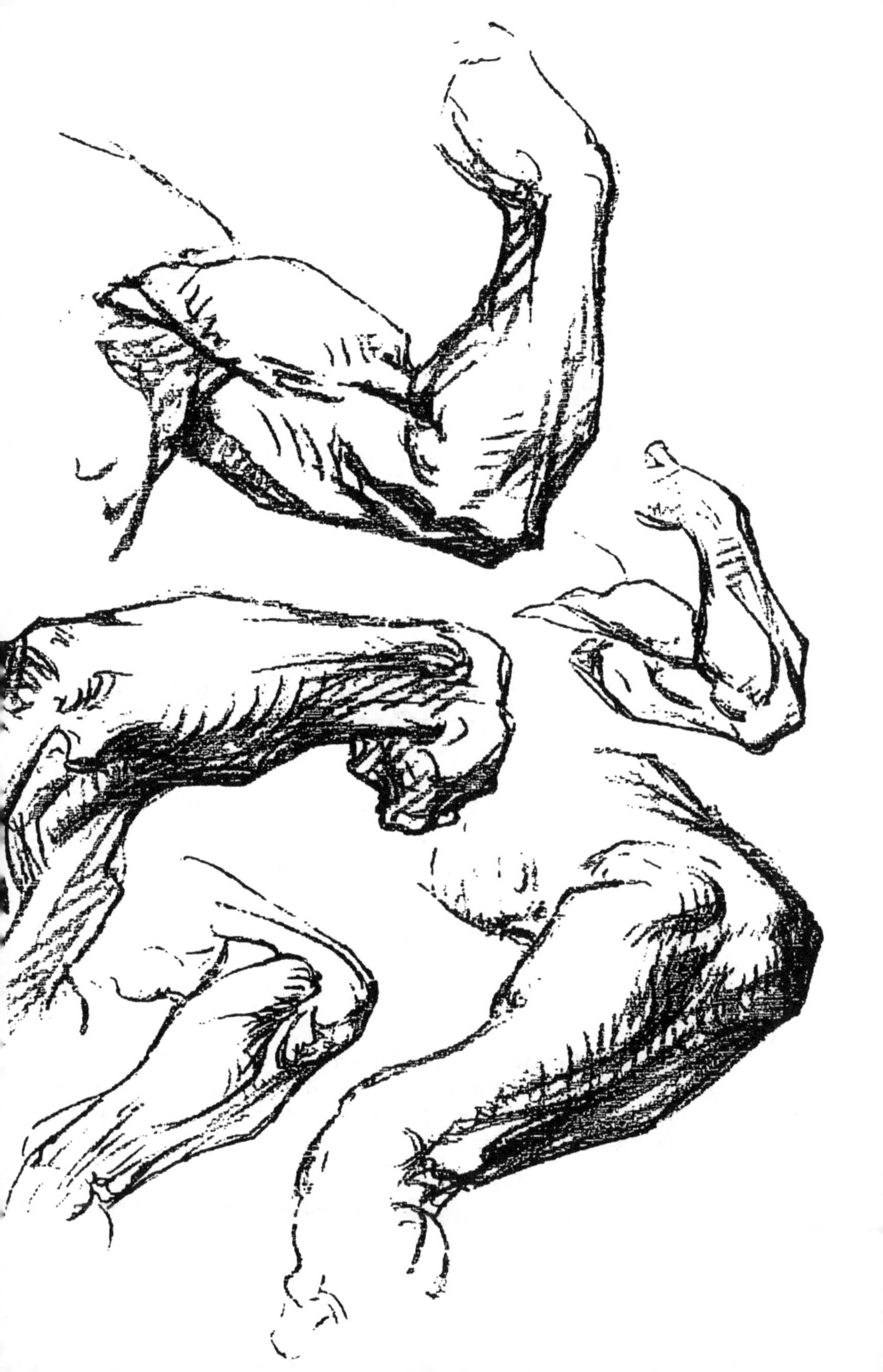

El BRAZO

Músculos del brazo, cara medial

1. Tríceps.
2. Bíceps.
3. Supinador largo.
4. Flexores.
5. Pronador redondo.

Grupo de flexores desde el epicóndilo lateral del húmero

Flexor radial del carpo: Desde el epicóndilo lateral hasta el primer metacarpiano.

Acción: Flexiona y abduce la muñeca.

Flexor cubital del carpo: Desde el epicóndilo lateral y el olécranon hasta el quinto metacarpiano.

Acción: Flexiona y aduce la muñeca.

Músculo flexor común superficial de los dedos de la mano: Desde el epicóndilo medial, cúbito y radio hasta las segundas falanges de todos los dedos. Este músculo está perforado para admitir el pasaje del tendón del flexor común de los dedos.

Acción: Flexiona los dedos y la mano.

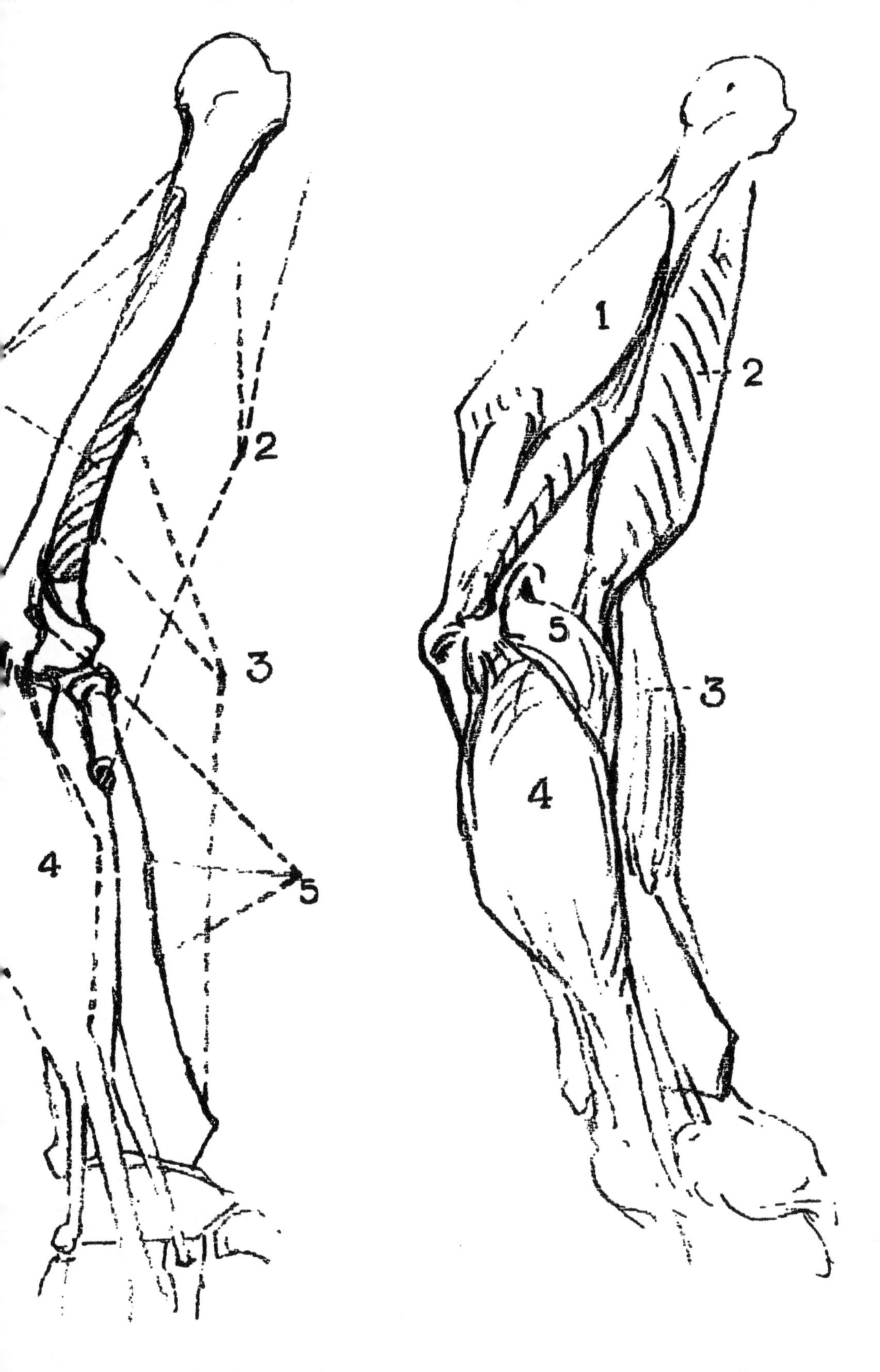

1
2
3
4
5

EL BRAZO

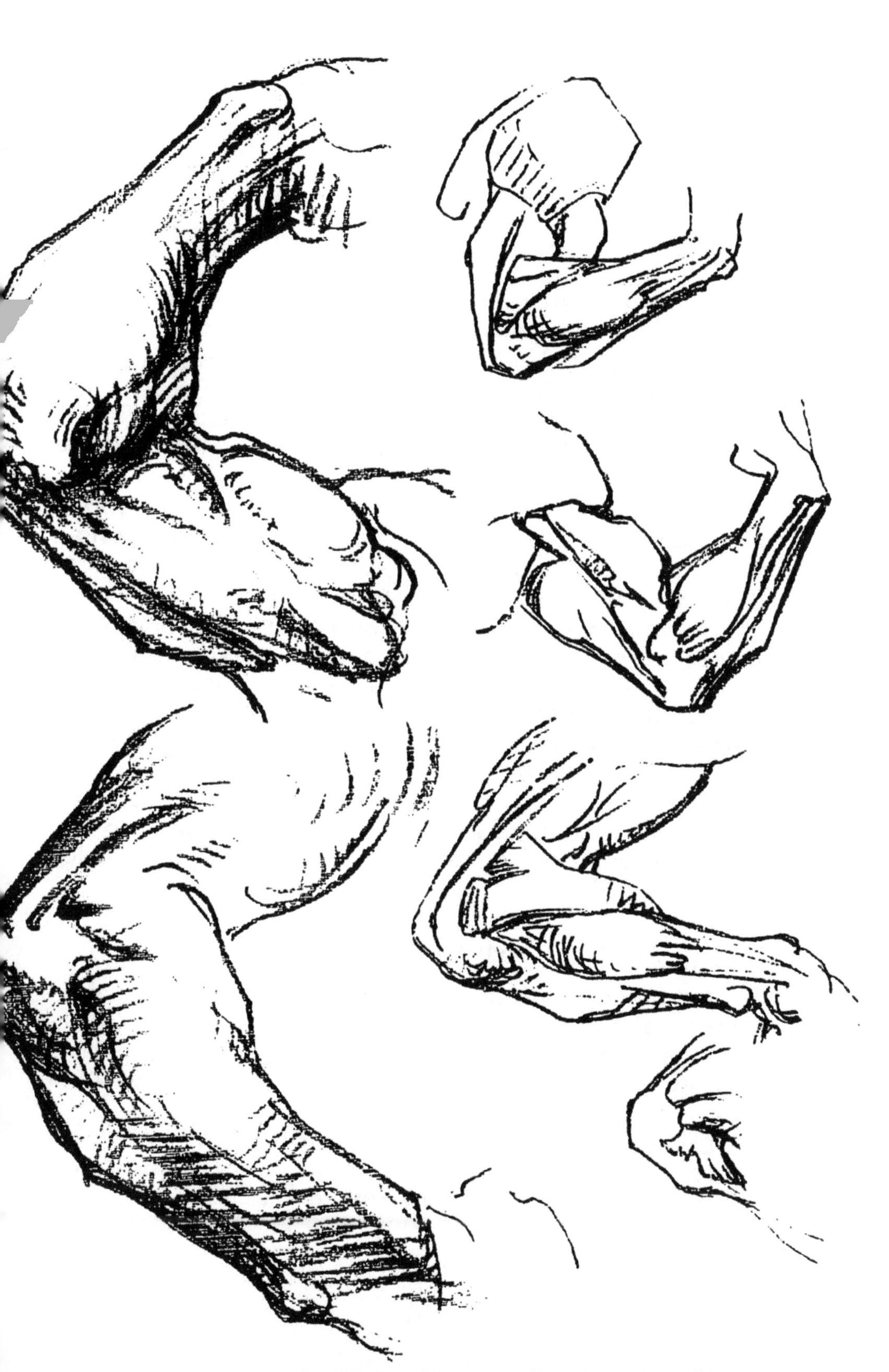

EL HOMBRO

Anatomía

La forma exterior del hombro está dada principalmente por el músculo deltoides.

Este músculo es un triángulo casi perfecto. Su ápice apunta hacia abajo y se inserta en el surco externo del brazo. Su base apunta hacia arriba y se dobla para insertarse a la cintura escapular. Justo debajo de su base hay una eminencia que marca la cabeza del húmero.

La cintura escapular se forma por la unión de la clavícula con el extremo de la escápula, el acromion. Ambos apuntan hacia afuera. El acromion está un poco más abajo, pero antes de juntarse ambos se enderezan y apuntan hacia adelante.

La clavícula es un hueso con forma de S, cuya curva externa y cola producen la curvatura anterior. Sobre el punto de unión hay un espacio plano. Una depresión debajo de esta curva en S se continúa primero hacia abajo y después hacia afuera, delimitando un surco que separa el deltoides del pectoral mayor, el surco deltopectoral.

Detrás de los dos tercios internos de la clavícula, entre ésta y el músculo trapecio que se encuentra detrás suyo, hay una depresión triangular con su base hacia el cuello y su ápice hacia afuera.

Movimientos

El hombro tiene dos articulaciones. En el extremo del hombro se encuentra la articulación entre la escápula y la clavícula. Se trata de una bisagra plana que apunta directo hacia adelante, y permite a la escápula deslizarse libremente sobre la superficie plana de la espalda.

La escápula no sólo puede deslizarse libremente sobre la espalda; también puede elevarse de ésta en el extremo y en el borde interno, lo que amplía levemente su alcance.

En el extremo lateral de la escápula, bajo el deltoides, se encuentra la articulación de ésta con el húmero, es la articulación del hombro, glenohumeral, dirigida hacia lateral y levemente adelante. Es una articulación multiplanar con un ángulo recto y mitad de movimiento en dos planos, aunque su excursión está siempre aumentada por los movimientos de la escápula y la clavícula. Conforma una importante función de resorte, siendo la única unión ósea del brazo y hombro con el tronco.

Volúmenes

Las formas tridimensionales del hombro, brazo, antebrazo y mano no se unen directamente unas con otras en sus extremos, sino que se superponen en diversos ángulos. Se unen por cuñas y movimientos de calce.

Al construir estas formas partiendo de sus bloques, construiremos primero el volumen del hombro o músculo deltoides. Su diámetro mayor cae hacia abajo y afuera, terminando en un borde biselado. Su lado ancho mira hacia arriba y afuera y su borde angosto directo hacia adelante.

Esta forma yace diagonalmente a través de —y se superpone con— la masa del brazo. El eje mayor del brazo es vertical; su lado ancho mira hacia afuera y su borde angosto hacia adelante.

La masa del antebrazo comienza detrás del extremo del brazo y lo cruza en ángulo hacia adelante y afuera. Este volumen está formado por dos bloques. Su mitad superior es un bloque cuyo lado ancho se encuentra adelante y su borde angosto al costado. Su mitad inferior, que es más pequeña que la superior, al sostener la mano con el pulgar hacia arriba tiene su borde angosto hacia adelante y su lado ancho mirando hacia afuera.

Estos bloques se unen entre sí por cuñas y movimientos de calce. Sus líneas rectas siempre están unidas a las líneas curvas del contorno de los músculos. El deltoides es en sí un calce, cuyo ápice se hunde en el surco externo a mitad de camino del brazo. La masa del bíceps termina en una cuña que gira hacia afuera al entrar en la fosa del codo.

La masa del antebrazo se superpone con la parte externa del extremo del brazo mediante el supinador largo, un músculo con forma de cuña que se eleva hasta un tercio del brazo, se ensancha hasta su ápice en la parte más gruesa del antebrazo y se afina hacia la muñeca, apuntando siempre hacia el pulgar. Del lado interno, el antebrazo se superpone con una cuña conformada por los músculos flexores y pronadores, que se eleva sobre el dorso del brazo y apunta hacia el dedo meñique.

Esta cuña llega hasta la mitad inferior del antebrazo por sus lados externo e interno. Del lado externo, conforma el borde delgado del antebrazo, del lado del pulgar. Del lado interno, conforma el borde delgado del lado del meñique.

Cuando el codo se encuentra extendido y la mano vuelta hacia adentro, la línea interna del antebrazo se encuentra en línea recta con la del brazo. Cuando la mano está vuelta hacia afuera, esta línea se vuelve hacia afuera en un ángulo equivalente al ancho de la muñeca. El centro de su movimiento es el lado del meñique, con el cúbito.

Los tendones flexores de la cara anterior del antebrazo siempre apuntan hacia el epicóndilo medial; los tendones extensores del lado dorsal siempre apuntan hacia el epicóndilo lateral.

La parte inferior del antebrazo se continúa en la amplitud de la mano, no uniéndose directamente con ella sino a través de un escalón en la muñeca.

En la cara posterior del brazo, la masa del hombro se apoya sobre la cima del brazo igual que en la cara anterior. El borde dorsal de esta masa parece una semicono hueco que se eleva sobre el deltoides y apunta hacia el codo. El extremo superior termina en las tres cabezas del tríceps; el extremo inferior o truncado es el tendón del tríceps, al cual hay que agregarle la diminuta cuña del músculo ancóneo, que conecta el epicóndilo medial con el cúbito.

LA AXILA

El hueco del brazo, la axila, debe su forma de fosa profunda al gran músculo del pecho, el pectoral mayor que está delante, y al gran músculo dorsal ancho que está detrás.

El fondo de este hueco se inclina hacia adelante, luego abajo y afuera, siguiendo la forma de la caja torácica.

Su pared trasera es más profunda porque el músculo dorsal ancho se une más abajo con la espalda. Es también más gruesa porque se compone de dos músculos, el dorsal ancho y el redondo mayor, y más redondeada porque sus fibras se vuelven sobre sí mismas antes de unirse al hueso del brazo.

La cara anterior es más larga porque el músculo pectoral se adjunta más abajo en el brazo.

Los músculos bíceps y tríceps se hunden en esta fosa, con el coracobraquial entre ellos.

Es posible que al estar el brazo completamente levantado, el fondo de esta fosa forme una protuberancia debido a la cabeza del húmero y los ganglios linfáticos que allí residen.

EL HOMBRO

Mecanismo de la axila, vista frontal

1. Bíceps.
2. Tríceps.
3. Dorsal ancho.
4. Redondo mayor.
5. Deltoides.

Dorsal ancho: Desde la sexta vértebra dorsal en la columna vertebral hasta el sacro y la cresta ilíaca; pasa del lado interno del húmero para amarrarse en la cara anterior cerca de la cabeza.

Acción: Tracciona el brazo hacia atrás y hacia adentro.

Redondo mayor: Desde la punta baja de la escápula hasta el frente del húmero.

Acción: Lleva el húmero hacia afuera y lo rota hacia atrás.

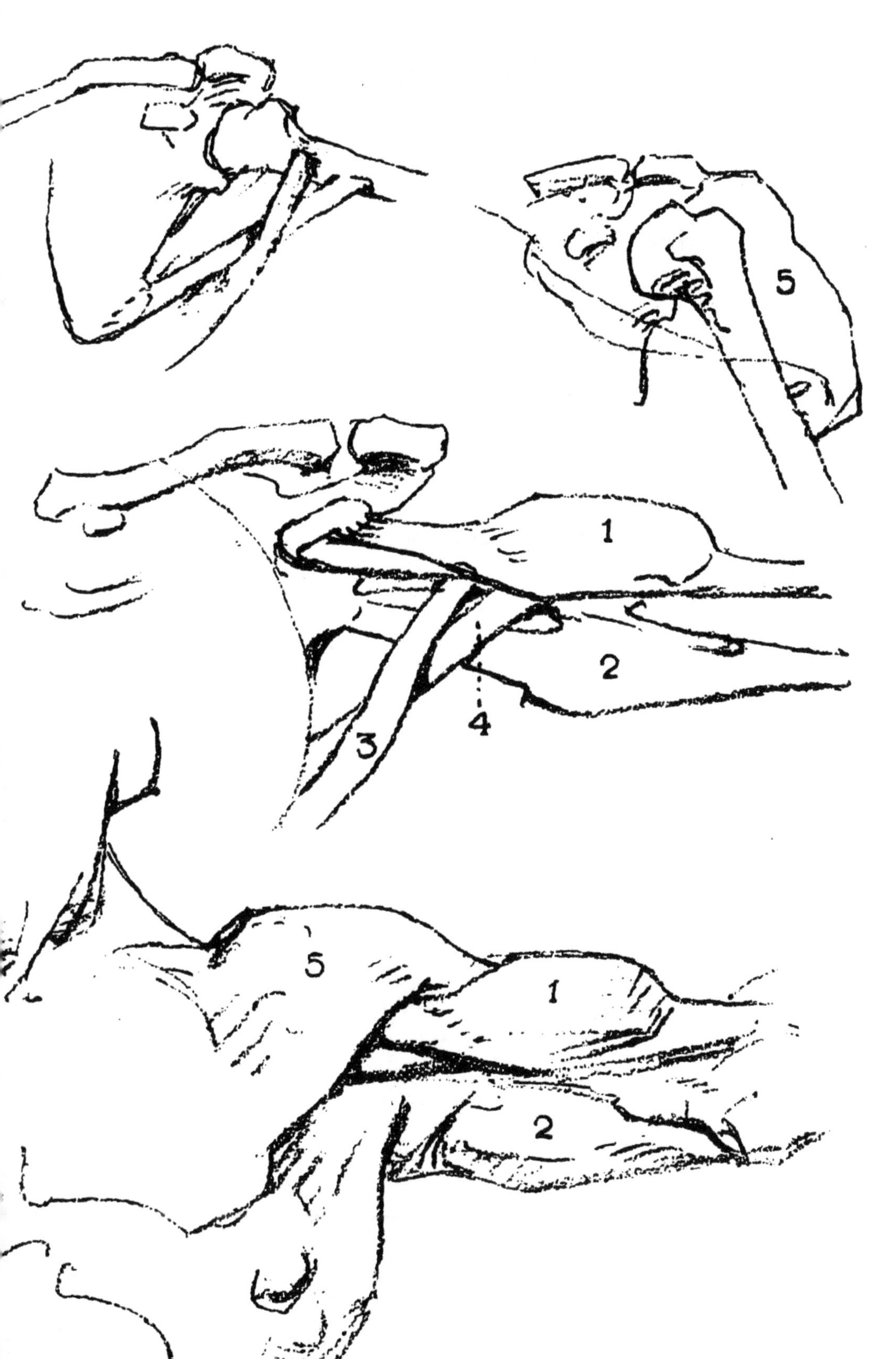

EL HOMBRO

Articulación e integración de los volúmenes del brazo y hombro

Ver **Volúmenes del brazo y hombro**, página 85.

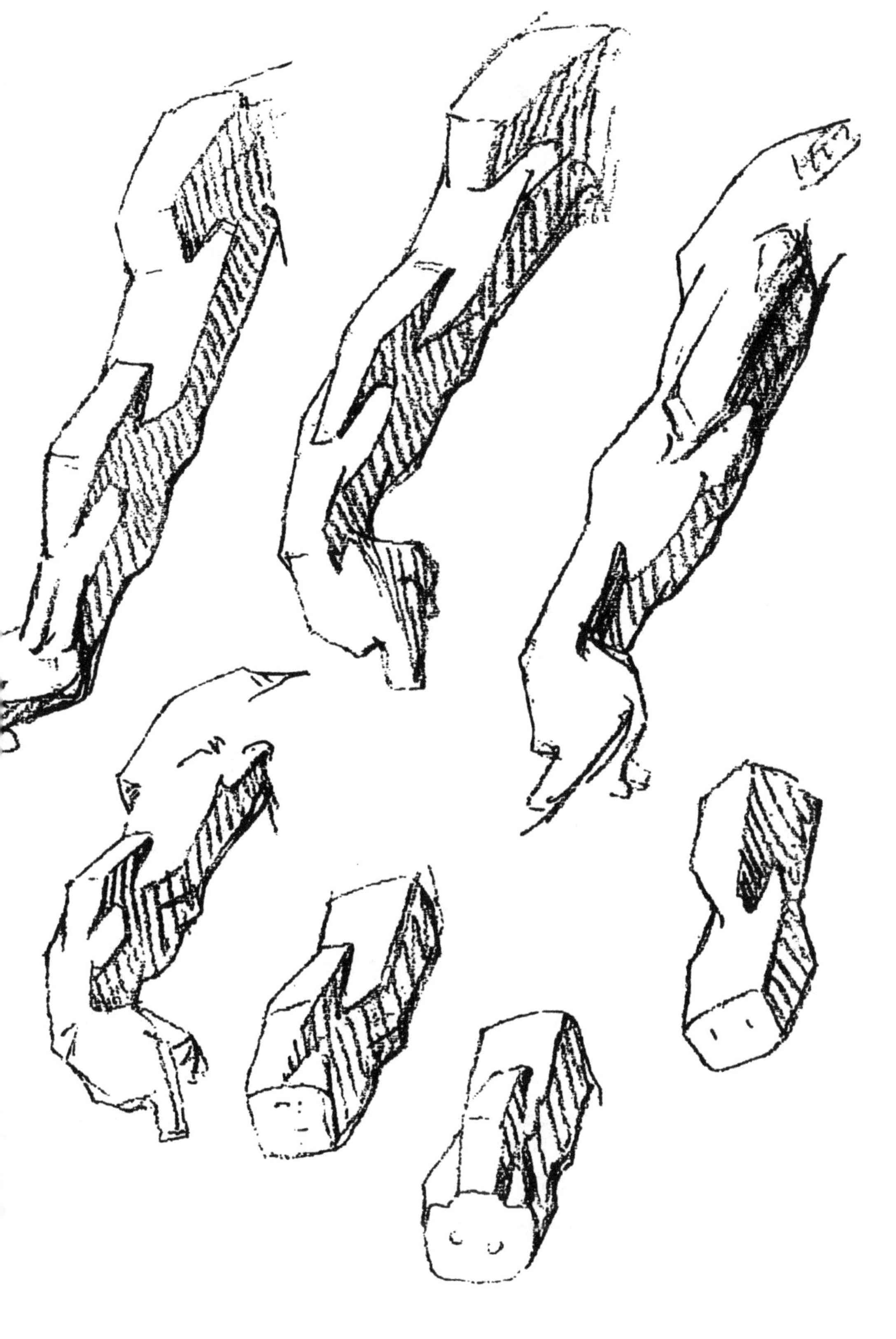

EL HOMBRO

Mecanismo del hombro, cara posterior

1. Deltoides.
2. Tríceps.
3. Redondo menor.
4. Redondo mayor.

Deltoides: Desde la clavícula, acromion y espina de la escápula hasta la cara externa del húmero.

Acción: Eleva y tracciona el húmero hacia adelante o atrás.

Tríceps: La cabeza externa se encuentra al dorso del húmero, sobre el canal de torsión del nervio radial. La cabeza interna se encuentra al dorso del húmero, debajo del canal de torsión. La cabeza media va desde la escápula debajo de la cavidad ósea hasta la apófisis del olécranon del cúbito.

Acción: Extiende el antebrazo.

Redondo menor: Desde la escápula hasta el tubérculo mayor del húmero.

Acción: Extiende el húmero hacia afuera y lo rota hacia afuera.

Redondo mayor: Desde la esquina baja de la escápula hasta el frente del húmero.

Acción: Tira el húmero hacia afuera y lo rota hacia afuera.

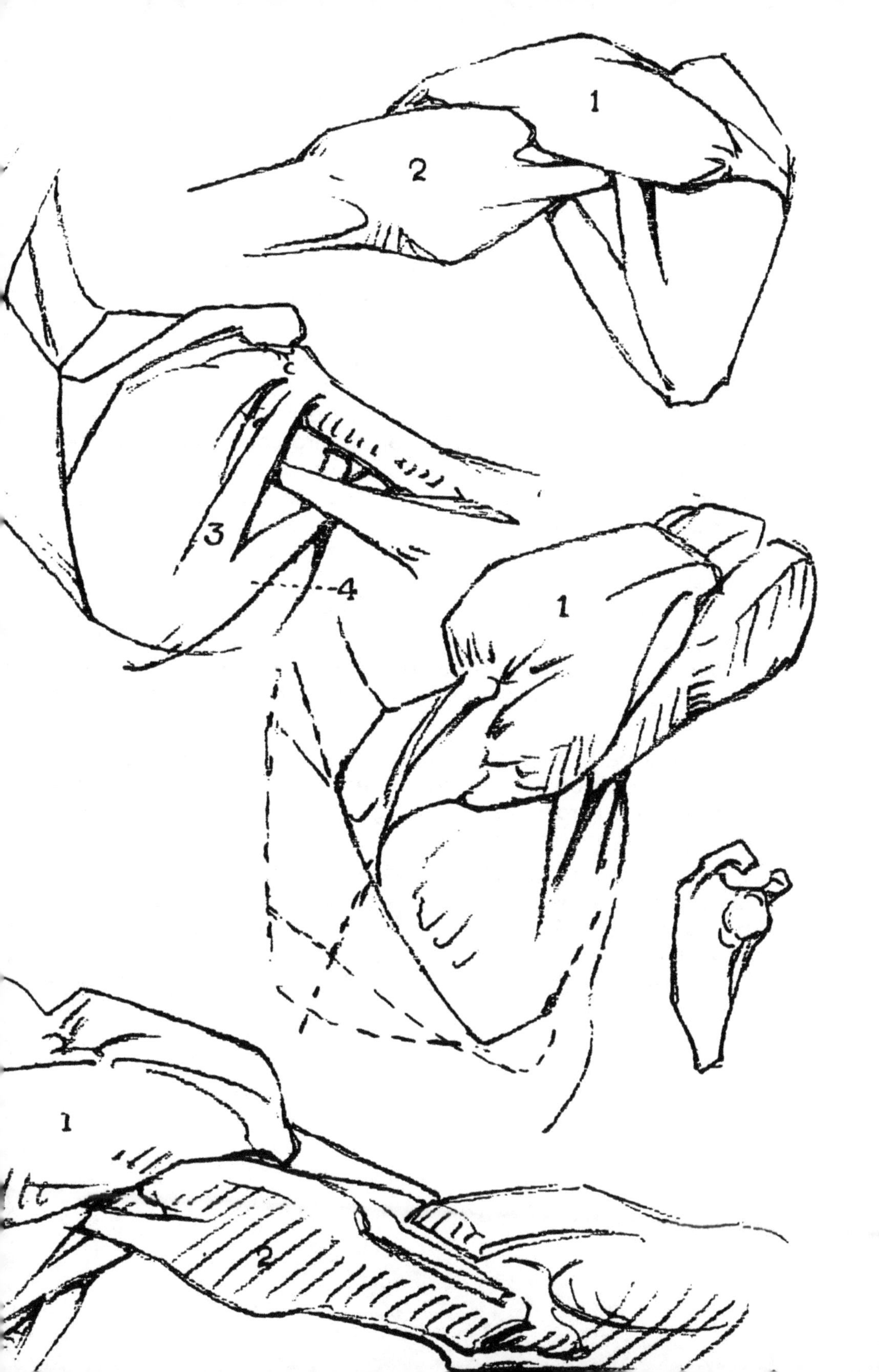

1
2
3
4
1
1

EL CUELLO

El cuello se eleva, como una columna cilíndrica, desde la plataforma inclinada de los hombros. Siempre se curva levemente hacia adelante, incluso cuando la cabeza está echada muy atrás.

Al frente del cuello se extiende el mentón, como un balcón. A cada lado el cuello es apuntalado por el músculo trapecio. Este músculo exhibe su forma de mesa sólo en la vista dorsal, donde se ve como un diamante con el ápice inferior bastante abajo en la espalda. Sus puntas laterales se elevan desde la cintura escapular frente al deltoides. Se eleva diagonalmente y apuntala la nuca. Por consiguiente la fuerza del cuello se encuentra al dorso, que es algo plano y sobre el cual sobresale la base del cráneo.

A cada lado del cuello, desde una protuberancia ósea detrás de cada oído desciende un músculo, el esternocleidomastoideo. Ambos músculos bajan hacia la base del cuello, donde casi se tocan. Forman un triángulo cuya base es el balcón del mentón.

En la parte inferior de este balcón se encuentra la glándula tiroides, que es más grande en las mujeres. Sobre ella se encuentra la prominencia laríngea o nuez de Adán, que es más grande en los hombres.

El músculo platisma o cutáneo del cuello cruza las puntas superiores del cuello hacia afuera y hacia abajo. Es un músculo subcutáneo que eleva la piel en pliegues y tira hacia abajo las puntas de la boca. Su acción invita a imaginar la época evolutiva en que mostrar los dientes era un importante arma de defensa.

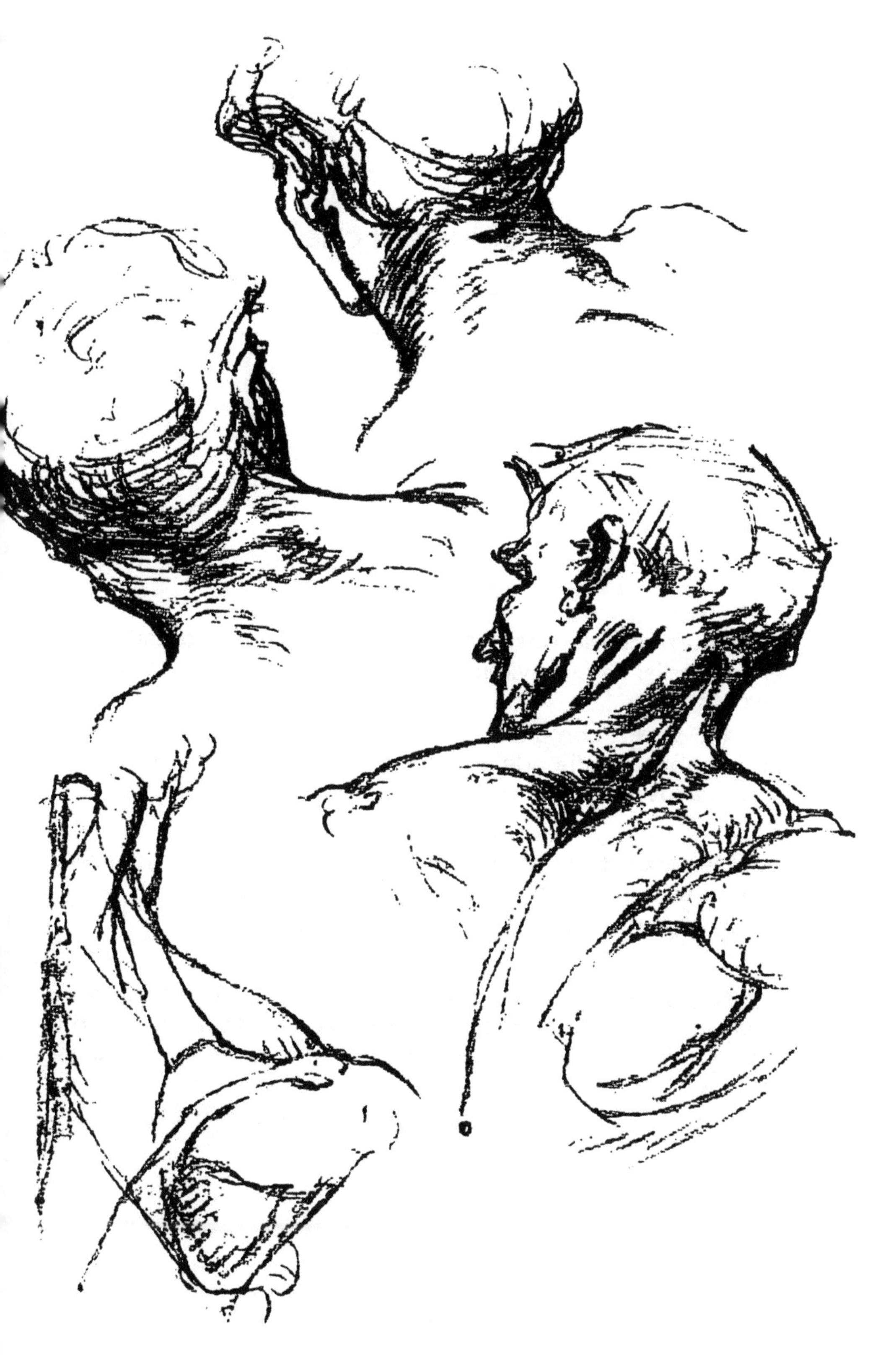

EL CUELLO

Músculos del cuello

1. Esternocleidomastoideo.
2. Elevador de la escápula.
3. Trapecio.

Esternocleidomastoideo: Desde el manubrio esternal y tercio medial de la clavícula hasta la apófisis mastoides (dorso del oído).

Acción: En conjunto, los dos esternocleidomastoideos tiran la cabeza hacia adelante; por separado, cada uno rota la cabeza a los lados y la mueve hacia abajo.

Elevador de la escápula: Desde las vértebras cervicales superiores hasta el ángulo superior de la escápula.

Acción: Eleva el ángulo de la escápula.

Trapecio: Desde la protuberancia occipital, ligamento cervical y columna vertebral (donde llega hasta la duodécima vértebra dorsal), hasta la clavícula, acromion y espina de la escápula.

Acción: Extiende la cabeza, eleva el hombro y rota la escápula.

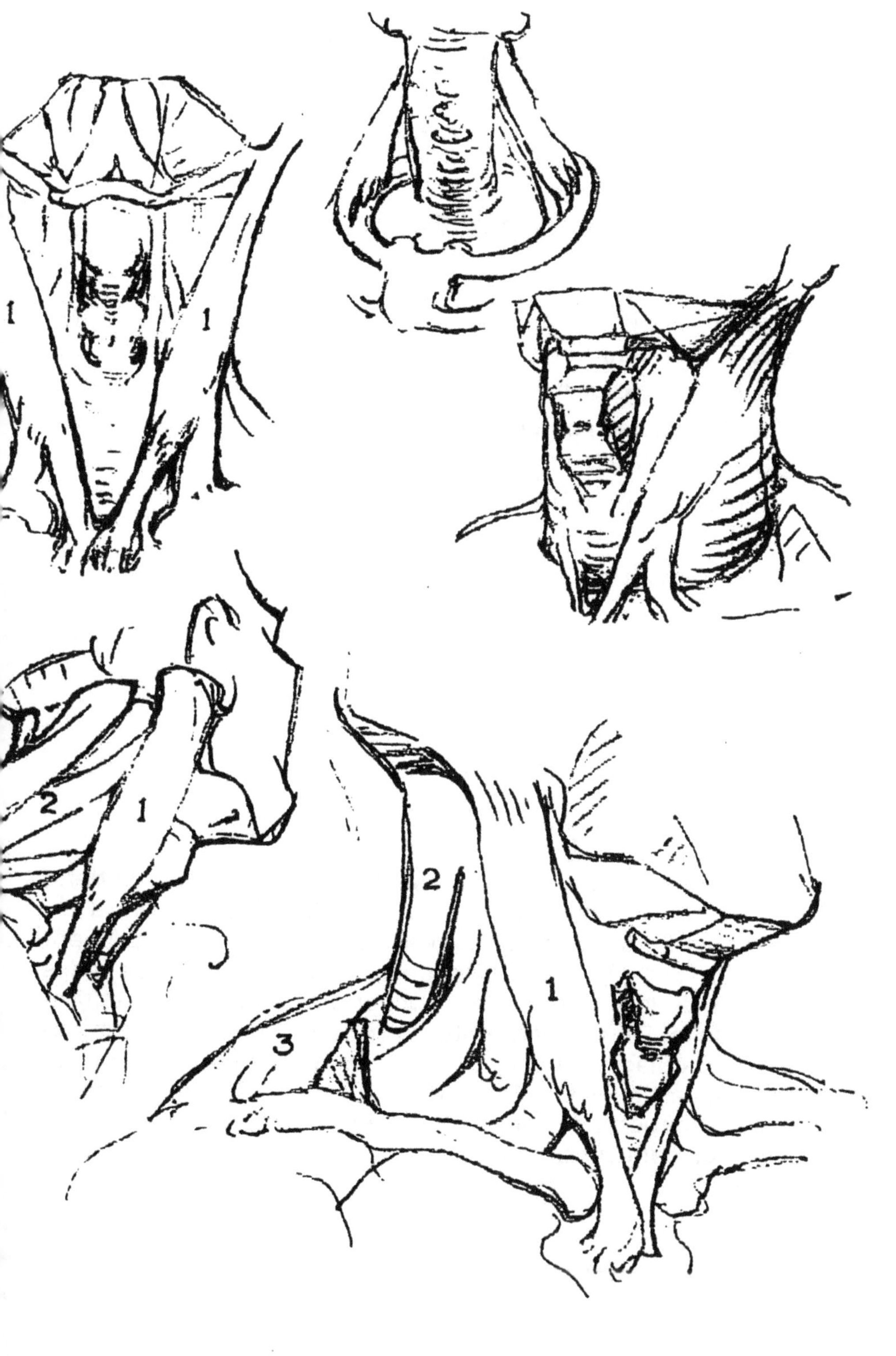

1
1
2
1
2
1
3

El Cuello

Hueso hioides y laringe

1. Hueso hioides.
2. Cartílago tiroides.
3. Glándula tiroides.
4. Músculo digástrico (con dos partes).
5. Músculo estilohioideo.
6. Músculo esternohioideo.
7. Músculo omohioideo.
8. Músculo esternocleidomastoideo.
9. Músculo trapecio.

Movimientos del cuello

En el cuello se encuentran siete vértebras; cada una tiene un poco de movimiento. Cuando se gira el cuello hacia un lado, ese lado de cada vértebra se mueve hacia atrás, pudiendo llegar hasta una posición perpendicular; luego los lados opuestos de las vértebras se mueven hacia adelante, estirando el cuello. Este movimiento es mucho más libre en la segunda articulación desde el cráneo, que gira sobre un punto central. La articulación del cráneo en sí se mueve sólo al asentir con la cabeza, movimiento en el cual el resto del cuello puede permanecer quieto.

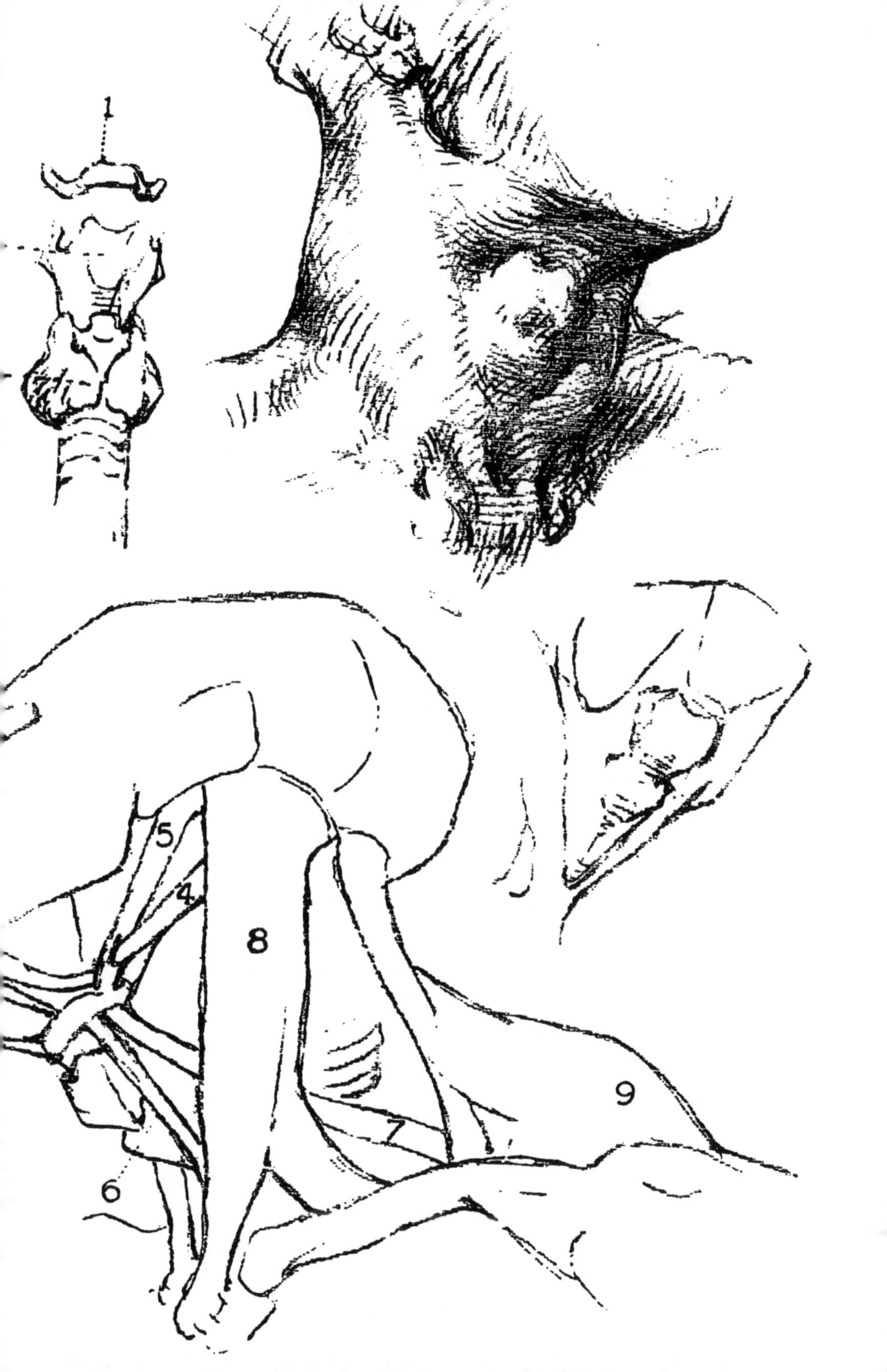

1
5
4
8
6
7
9

EL CUELLO

Platisma: Se extiende como un cobertor desde el pecho y hombro hasta el músculo masetero y la punta de la boca.

Acción: Arruga la piel del cuello, tira hacia abajo las puntas de la boca.

Digástrico ("de dos vientres"): El vientre anterior comienza en el maxilar detrás del mentón; el vientre posterior en la apófisis mastoides. Ésta presenta una polea sobre el hueso hioides.

Acción: Alza el hioides y la lengua.

Milohioideo: Conforma el suelo de la boca y el balcón del mentón.

Estilohioideo: Desde el hioides hasta la apófisis estiloides.

Acción: Tira hacia atrás el hioides y la lengua.

Esternohioideo: Desde el esternón hasta el hueso hioides.

Acción: Su contracción hace descender al hueso hioides.

Omohioideo: Desde el hueso hioides hasta el hombro en el borde superior de la escápula.

Acción: Tira el hueso hioides hacia abajo y de lado a lado.

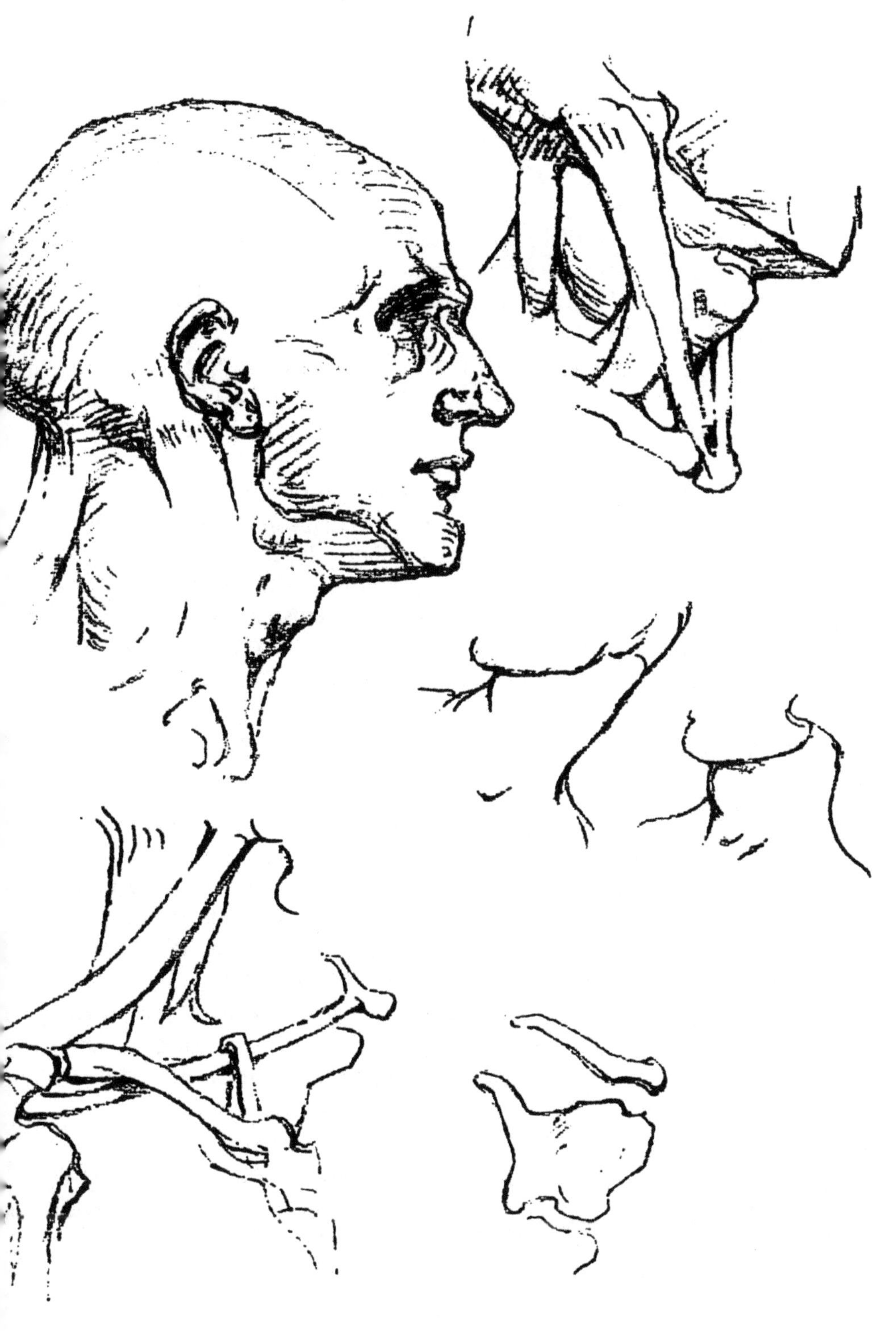

LA CABEZA

Durante tanto tiempo se usó el óvalo como base para construir la cabeza y el rostro, que usar un bloque o cubo resulta revolucionario.

El cubo es preferible por muchas razones. El óvalo es demasiado indefinido. No ofrece puntos de comparación ni base para mediciones. En una línea curva el ojo no se fija en ningún punto.

Pero sobre la base de un cuadrado se puede construir cualquier forma. Además, desde cualquier ángulo el bloque conserva su perspectiva, su escorzo y lleva consigo la sensación de masa.

Especialmente, lleva el importante elemento de la simetría bilateral de la cabeza, que está presente en todos los seres vivientes. Una línea vertical central divide la cabeza y el tronco en partes iguales, opuestas y complementarias. El ojo derecho es contraparte del izquierdo; las dos mitades de la nariz son simétricas; los miembros, cuando no cambian de posición, son exactos aunque inversos duplicados uno del otro.

¿Cómo construir un bloque de este tipo?

Camper, el Profesor Bell y otros estudiaron incontables cráneos humanos intentando descubrir alguna medida constante por la cual clasificarlos como antiguos o modernos según la raza. Finalmente se fijaron en dos líneas y en el ángulo entre ellas. La primera línea va desde la base de la nariz al techo del canal auditivo; la segunda va desde los dientes incisivos superiores a la parte prominente de la frente.

El ángulo entre estas líneas es prácticamente constante para una raza o una época de evolución determinadas. Existen variaciones individuales, pero no son significativas para el estándar.

Este ángulo es menor en las razas más antiguas y menos evolucionadas, y la línea vertical se acerca más a la perpendicular en las razas más nuevas, especialmente la caucásica. En la cabeza griega clásica llega a pasar la perpendicular, aunque nunca se descubrió un cráneo griego real en que éste sea el caso.

Este ángulo, en las razas caucásicas, es de unos 80 grados. No es fácil construir un bloque con semejante ángulo; es más deseable un ángulo recto. Este ángulo recto se obtiene si bajamos la línea horizontal en su extremo posterior desde el techo del canal auditivo a la punta del lóbulo de la oreja y si dibujamos la línea vertical desde la base de la nariz, donde se une al labio superior, hasta el puente de la nariz donde se une a la glabela.

Si sobre estas líneas rectas construimos una jaula que enmarca la cabeza y el rostro, veremos que el frente y el dorso son oblongos y que los lados son cuadrados.

El techo de la jaula debería estar al mismo nivel que la cima de la cabeza y el piso a nivel con la base del mentón. Los bordes de las mejillas deberían calzar en los lados de la jaula. El largo del frente oblongo equivale a 1,75 veces su ancho. Los huesos cigomáticos llegan desde el frente de la jaula hasta aproximadamente un tercio de la distancia hasta la oreja.

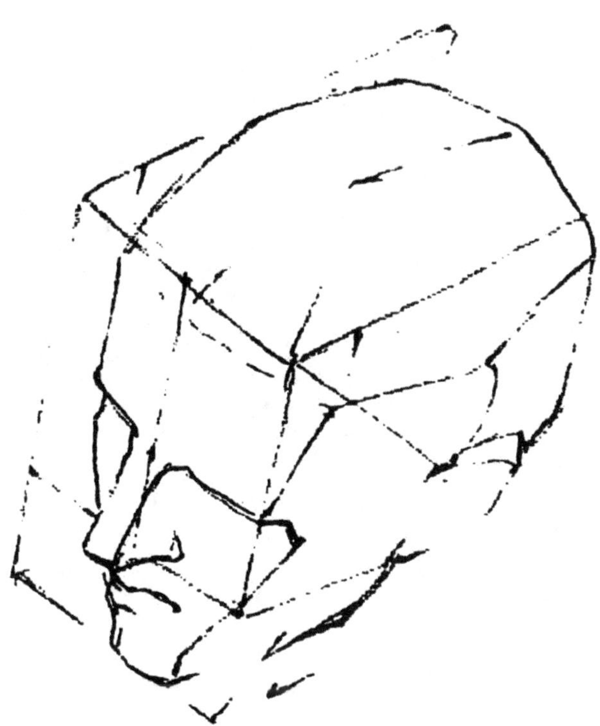

CONSTRUCCIÓN DE LA CABEZA EN BLOQUES

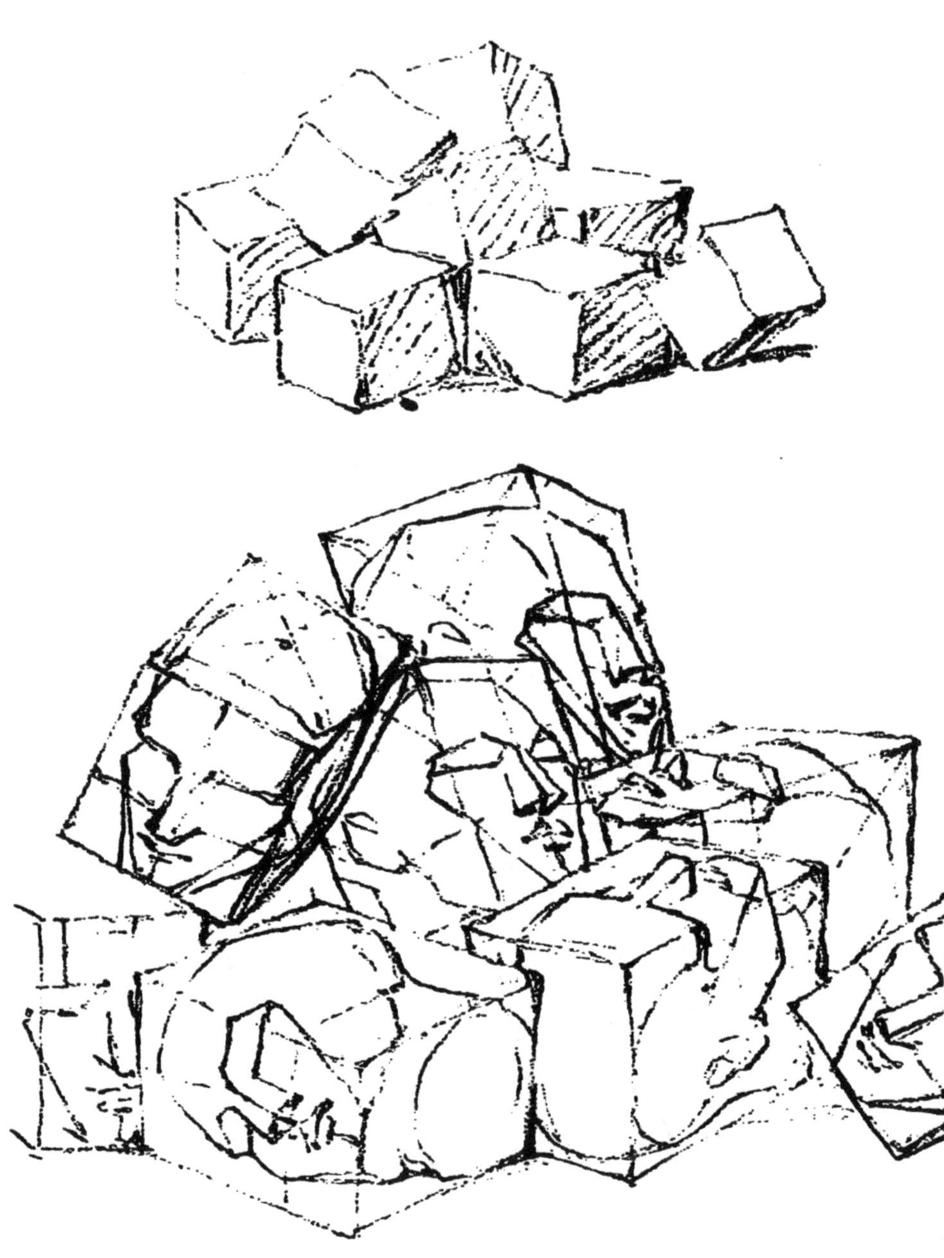

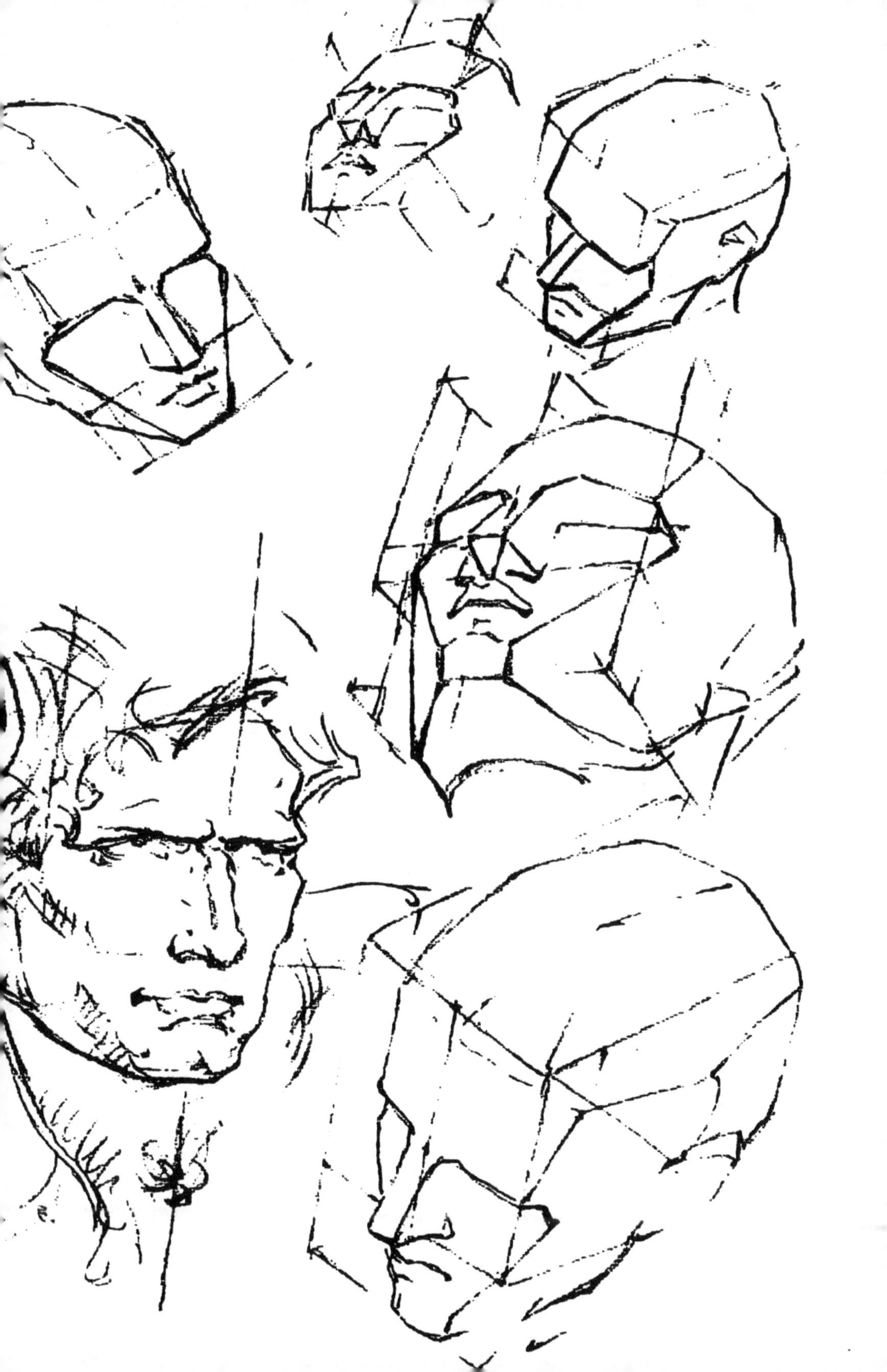

LA CABEZA

Prominencias, riscos y depresiones del cráneo

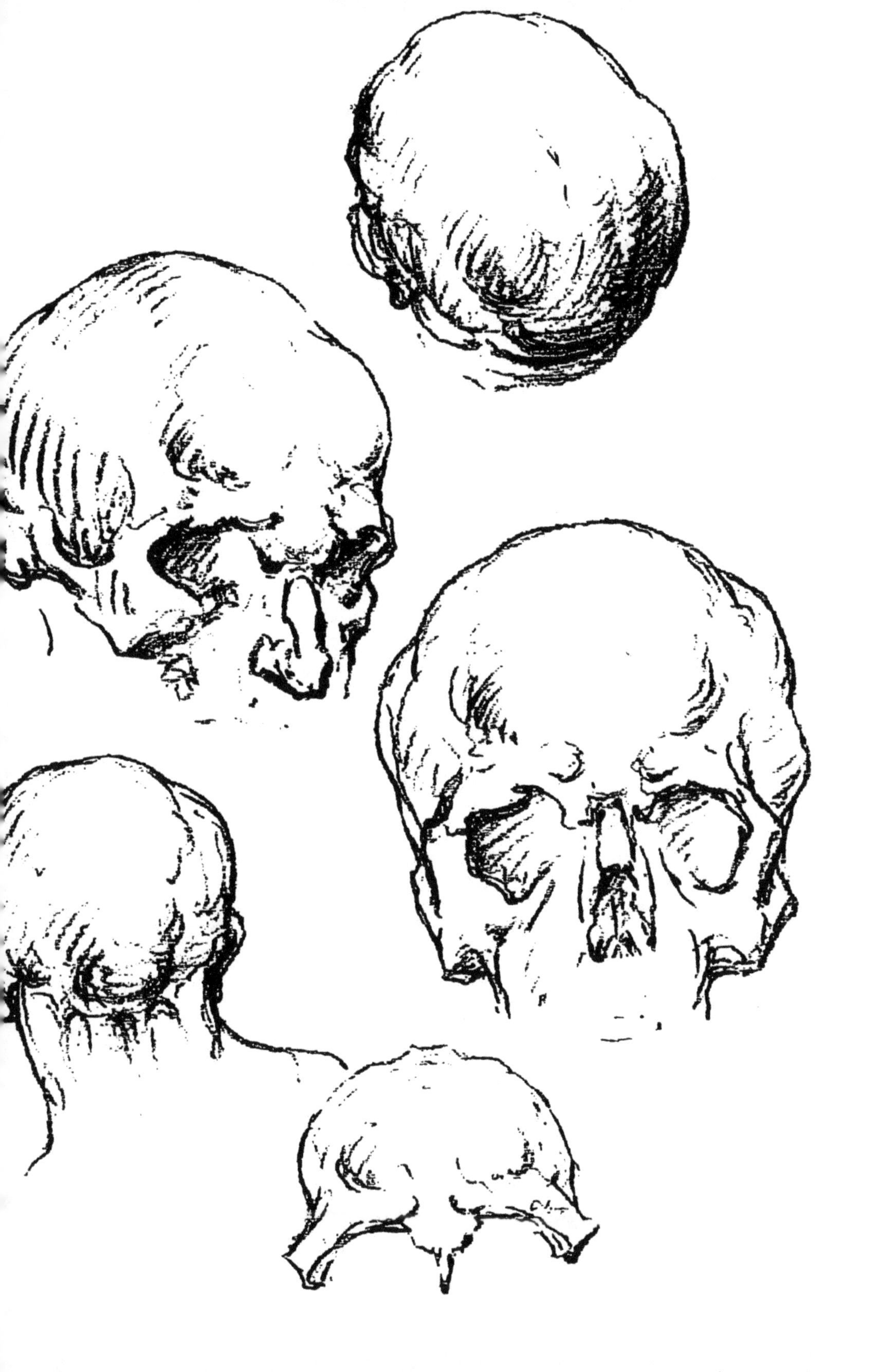

LA CABEZA

Ángulos de construcción

Ver **La Cabeza,** página 102.

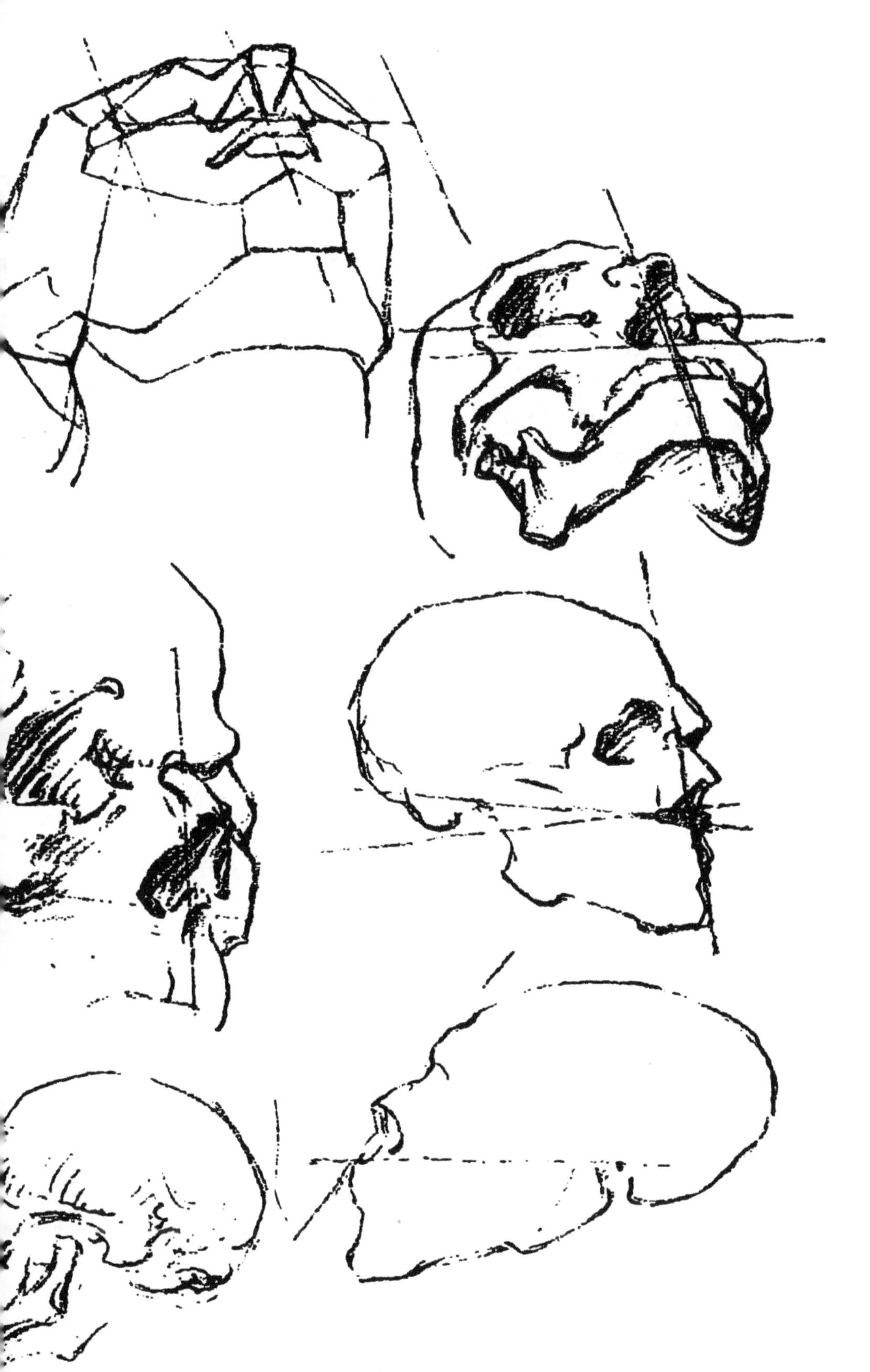

La Cabeza

Músculos de la masticación

1. Temporal.
2. Masetero.
3. Buccinador (músculo de la mejilla).
4. y 5. Músculos cigomáticos, mayor y menor (músculos de expresión).

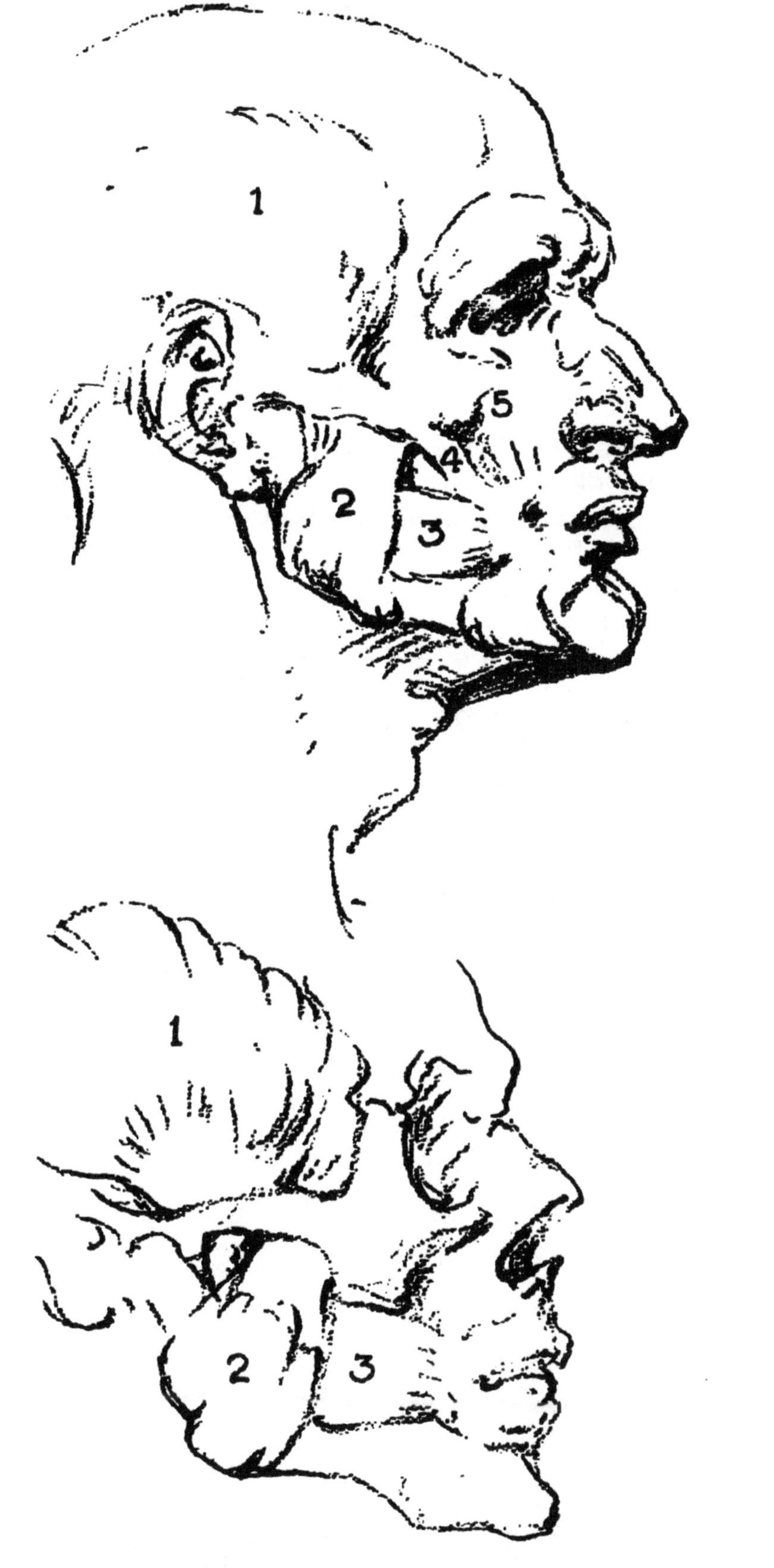

LA CABEZA

Líneas de construcción en perspectiva

Masas

Las masas de la cabeza son el cráneo, el esqueleto de la cara y la mandíbula.

Dentro de la masa redonda del cráneo se fija la masa más angosta de la frente, limitada por las sienes a los costados y por las cejas debajo.

A cada lado de la frente, la punta inferior externa da comienzo al hueso cigomático de la mejilla. Éste va hacia abajo y afuera hasta pasar —apenas— la curva del cráneo; luego vuelve hacia abajo y adentro en una larga curva hasta la punta correspondiente del mentón.

Por fuera y por detrás de esta línea inferior hay otra cuña: el costado de la mandíbula. Su base es la misma línea y su ápice es muy bajo.

En conjunto, los dos huesos cigomáticos conforman la masa central del rostro, en cuyo centro se eleva la nariz.

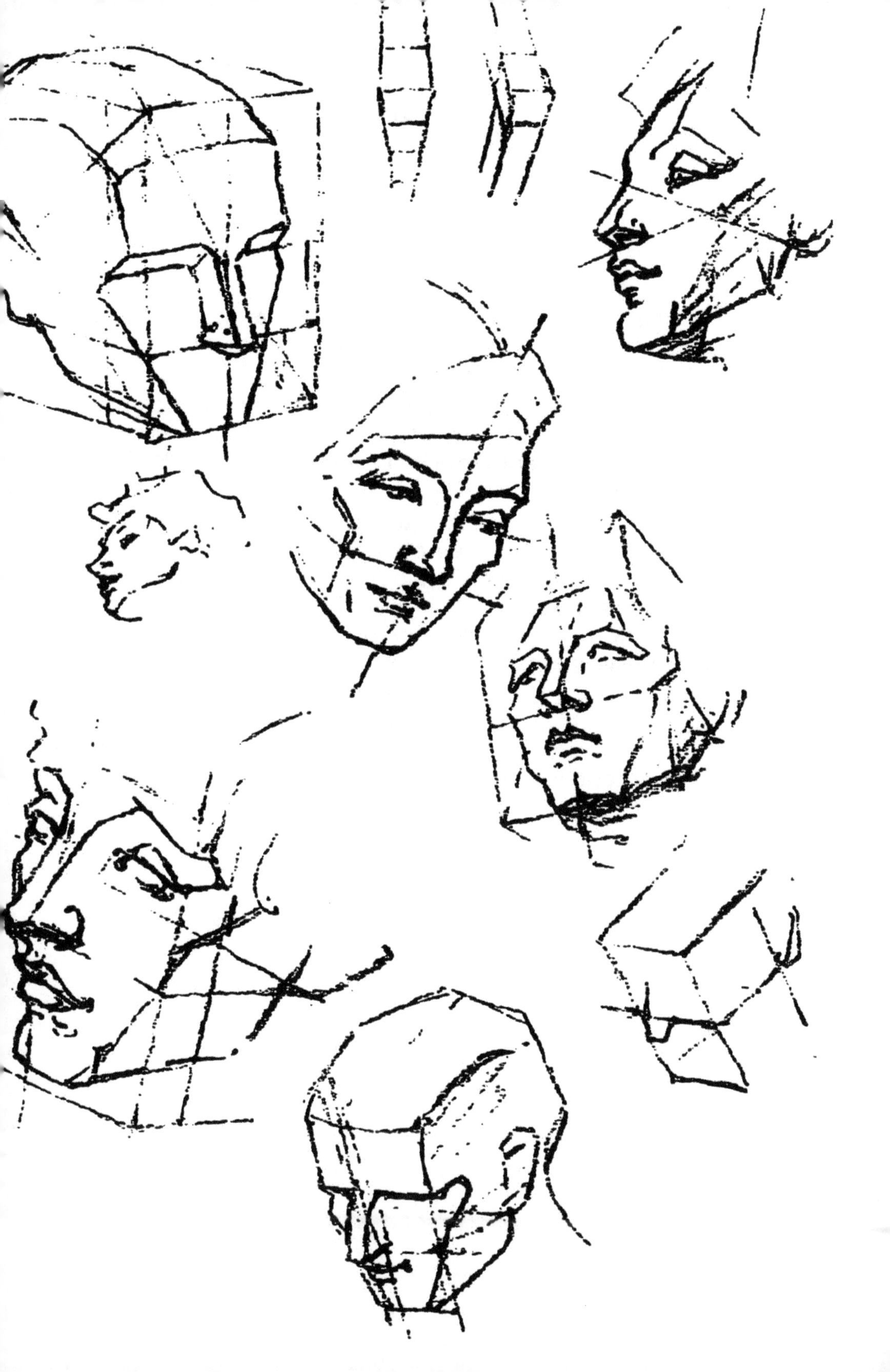

LA CABEZA

Planos

El plano de la frente se inclina hacia arriba y atrás para convertirse en el cráneo. Los lados de la frente giran abruptamente al plano de las sienes.

El plano del rostro, dividido por la nariz, está roto en cada lado por una línea que va desde la punta exterior del hueso cigomático hasta el centro del labio superior, formando dos planos más pequeños.

De estos dos planos, el exterior gira y se convierte en el plano de la mandíbula, que a su vez se divide por una línea que marca el límite del músculo masetero. Este músculo corre desde el borde externo del hueso cigomático hasta la punta de la mandíbula y también crea dos planos secundarios, uno hacia la mejilla y el otro hacia la oreja.

Para moldear la cabeza, las relaciones entre estas masas y planos son como la arquitectura para construir una casa. Varían en proporción con cada individuo y deben compararse cuidadosamente con su tipo étnico.

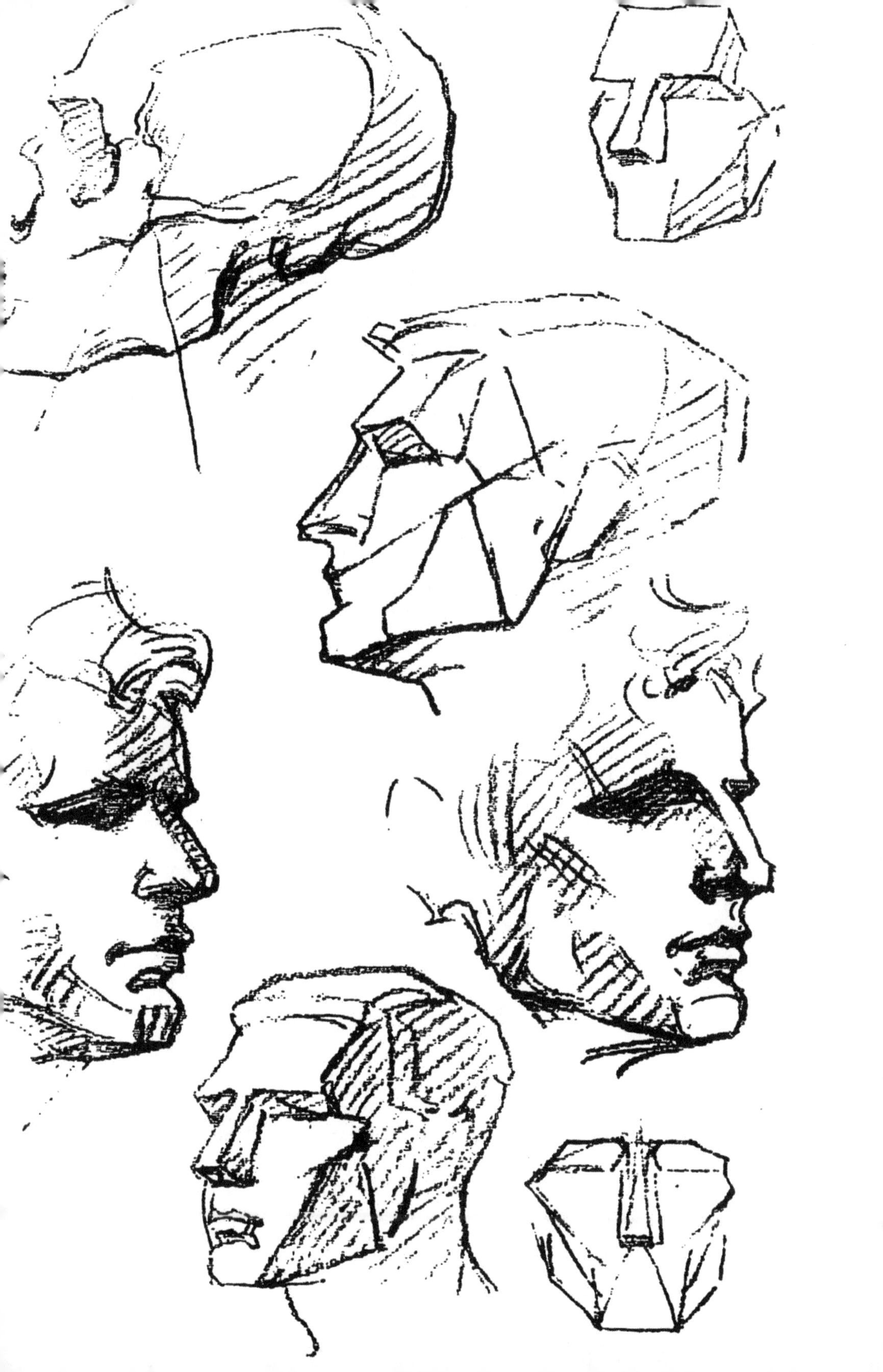

LA CABEZA

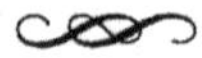

La cabeza de perfil

De perfil, las masas de la cabeza son las mismas: el cráneo, el esqueleto de la cara y la mandíbula.

El borde frontal de la sien se ve como una larga curva, casi paralela a la curva del cráneo.

La parte superior del hueso cigomático se prolonga hacia atrás, hacia la oreja, en forma de risco (el *zygoma*, "yugo") que también marca la base de la sien. Al frente se inclina ligeramente hacia abajo.

Desde el punto de unión del hueso cigomático y el pómulo parte un risco menor, que se eleva entre la sien y la órbita del ojo. Este risco marca el dorso de la órbita y la primera parte de la larga línea de la sien.

Planos

Los planos y divisiones de planos del rostro en perfil son los mismos que en la vista frontal, en diferente perspectiva.

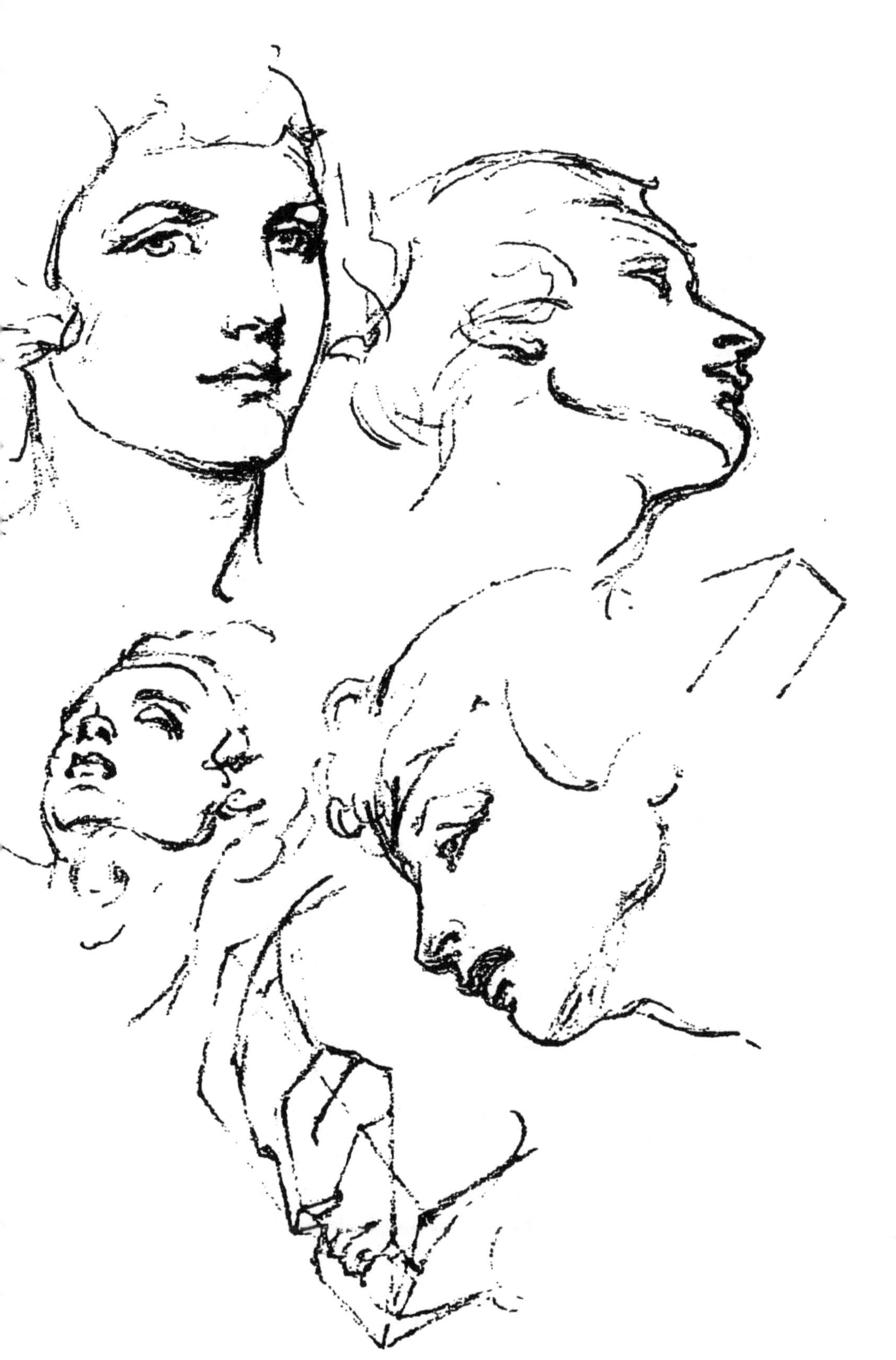

EL OJO

La parte alta de la cuenca u órbita ocular está marcada por la ceja, cuyas cerdas se ubican de modo que desvían la humedad y el polvo fuera del párpado y del ojo.

Bajo la parte alta de la órbita, sobre el párpado hay tres planos, que calzan unos con otros en distintos ángulos. El primero va desde el puente de la nariz al ojo. El segundo va desde la ceja al hueso cigomático. A su vez, este segundo plano se divide en dos planos más pequeños: uno que se inclina hacia la raíz de la nariz, y el otro hacia el hueso cigomático, con el que finalmente se une.

El párpado inferior es bastante estable; es el párpado superior el que se mueve. Cuando se cierra el ojo, la cortina del párpado se ve lisa; cuando el ojo se abre, el párpado inferior sigue la curva del globo ocular directo hacia atrás, doblándose bajo el párpado superior y dejando una arruga que marca el punto de doblez.

Es posible que el párpado inferior se arrugue y se levante levemente hacia dentro, abultándose bajo el extremo interior del párpado.

La córnea transparente, también llamada la "manzana" del ojo, se encuentra perceptiblemente elevada y siempre parcialmente cubierta por el párpado superior como si éste fuera un telón, de modo que siempre produce una leve protuberancia en el párpado, se encuentre éste abierto o cerrado. El globo ocular se mueve en dos planos; su movimiento abarca aproximadamente medio ángulo recto.

En el extremo interno del ojo hay una depresión angosta, el canto o la comisura del ojo, cuyo piso es una membrana rosácea que se proyecta un poco fuera de las paredes del hoyo cuando el ojo está girado en extremo a un lado. En las puntas del hoyo se hallan las aperturas de los conductos lagrimales, que desagotan el exceso de flujido lagrimal, las lágrimas. Hay una ligera secreción constante de este fluido, que se esparce sobre el globo ocular por el continuo parpadeo del párpado superior. La delgada capa de este líquido sobre el ojo refleja perfectamente la luz de su superficie.

Las pestañas se proyectan desde el margen del párpado. Sirven como cortinas para proveer sombra y como delicadas antenas para proteger el ojo.

Las masas inmóviles de la frente, nariz y huesos cigomáticos conforman un fuerte marco para los ojos, el más variado y expresivo de los rasgos faciales.

Comparaciones

Al observar cualquier rasgo, uno naturalmente lo compara con un concepto del promedio de ese rasgo en particular o con algún estándar o ideal mental.

Las variaciones de los rasgos serán entonces clasificadas en clases que representan las variaciones más usuales:

Las cejas pueden ser niveladas o inclinadas, rectas o arqueadas, cortas o largas, angostas o anchas; gruesas, escasas o dibujadas a lápiz.

Los párpados pueden ser gruesos o delgados —aunque el párpado superior es siempre más grueso en su borde y siempre sobresale cuando sobresale el ojo y se eleva sobre la córnea.

Las cuencas de los ojos pueden estar muy separadas o juntas; pueden ser largas o cortas, sobresalientes o superficiales.

La apertura entre los párpados puede ser triangular o redonda, o tener forma de lazo o de botón.

LA ÓRBITA DEL OJO

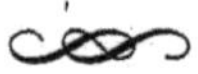

Encastres, planos y sus ángulos

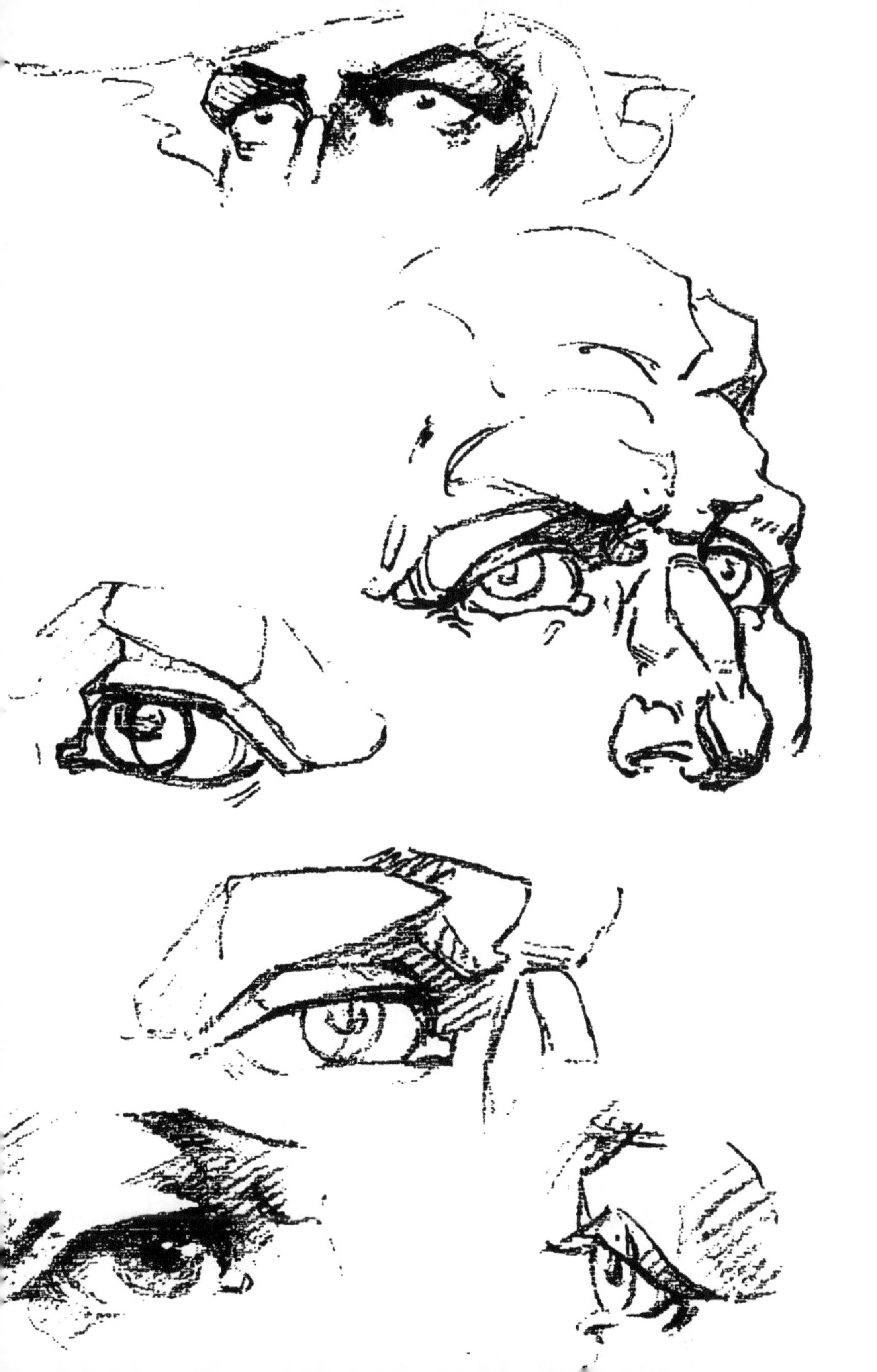

EL OJO

Apertura angular entre los párpados

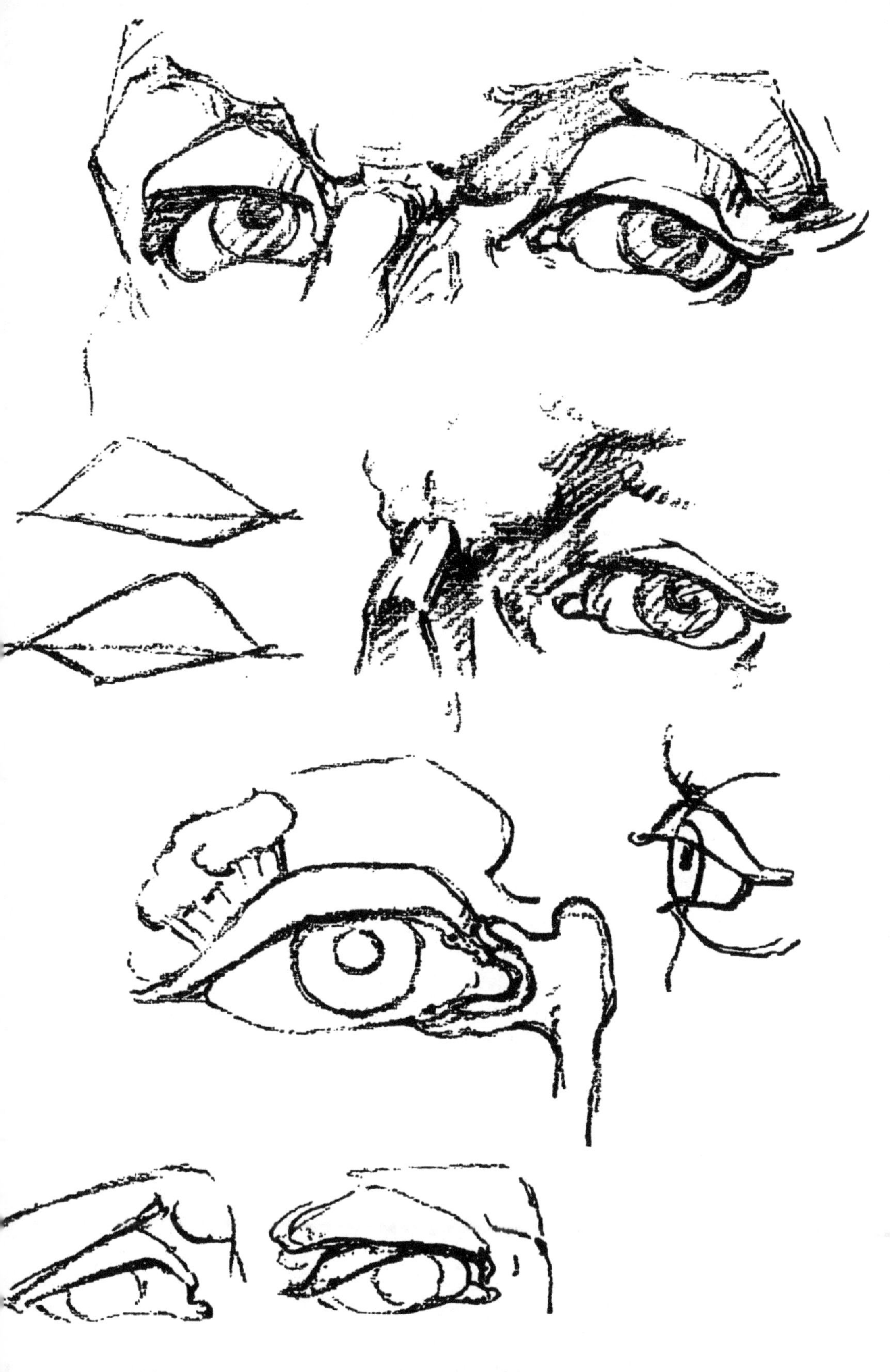

EL OJO

124

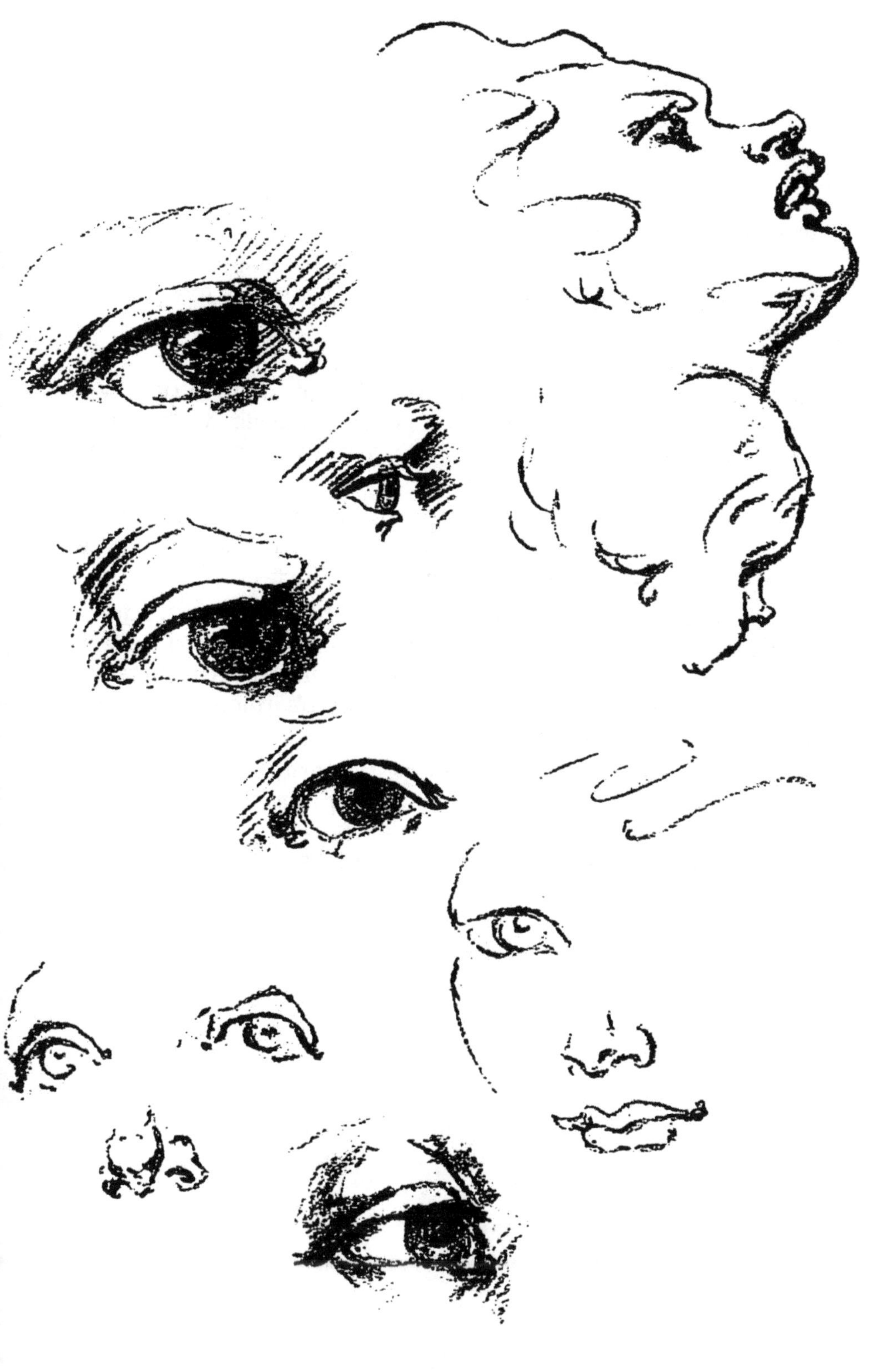

LA NARIZ

La nariz se compone de una serie de cuñas que se basan en su estructura ósea.

Donde el puente de la nariz encastra bajo la frente, los dos riscos de la glabela descienden para formar una cuña con ápice en el puente.

La parte ósea de la nariz es una cuña de forma muy clara. Su borde recorre sólo la mitad de la longitud de la nariz y sobresale más a medida que desciende. La base de la nariz es un poco más larga y más ancha a medida que desciende, conformando la segunda cuña.

Finalizada la parte ósea, la nariz se angosta y el borde se hunde levemente hacia el bulbo, conformando una tercera cuña cuya base está unida a la de la segunda.

El bulbo está compuesto por dos hojas de cartílago que se elevan desde la mitad del labio superior, el septo de la nariz. El bulbo se expande, conformando la punta bulbosa; sobresale hacia los costados y se ensancha hacia afuera para formar las aletas de las fosas nasales.

Esta parte cartilaginosa tiene bastante movimiento. Las alas se elevan al reír, se dilatan al respirar agitadamente, se angostan al sentir desagrado. Las aletas y la punta de la nariz se elevan al despreciar, arrugando la piel sobre la nariz.

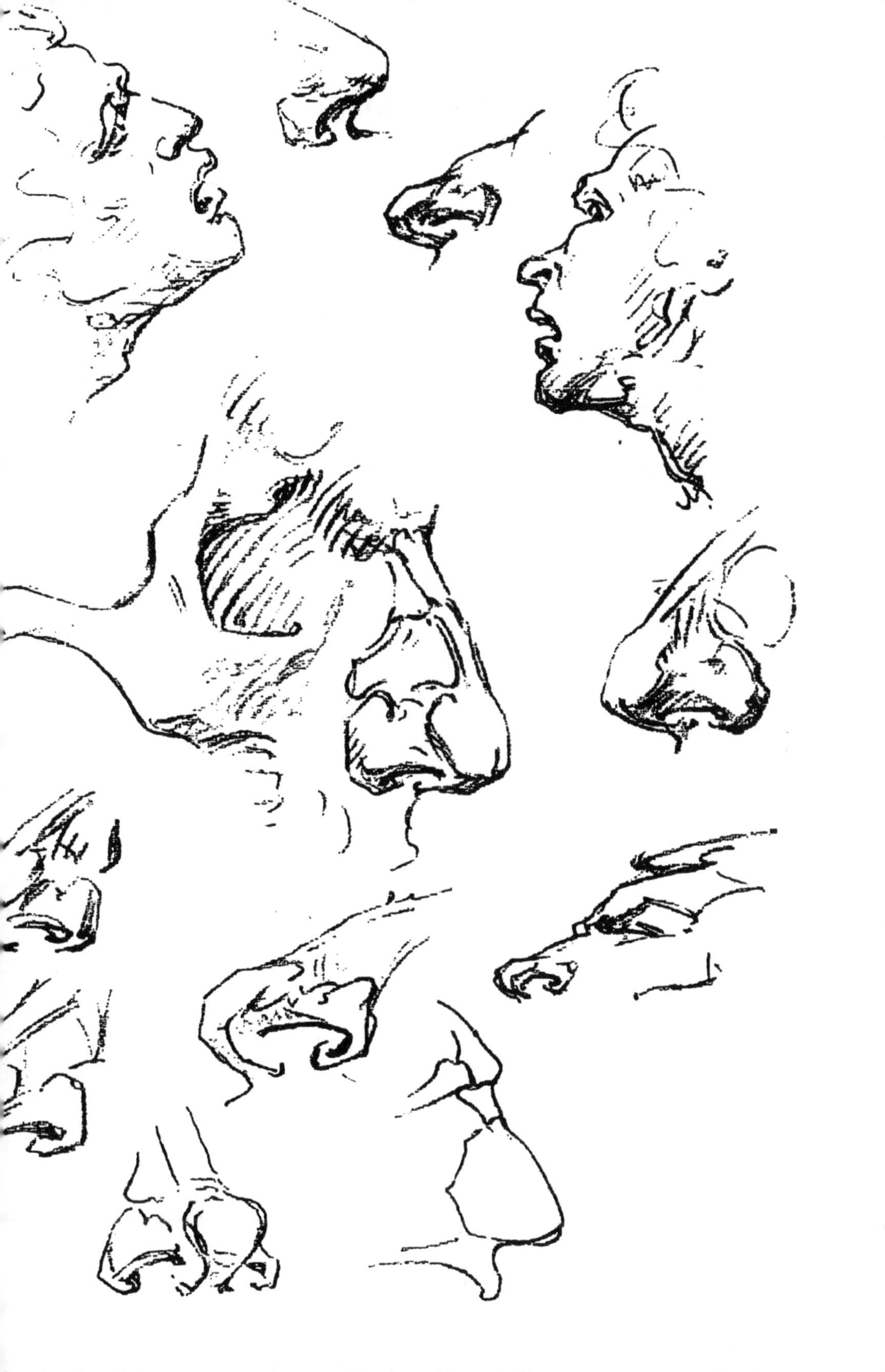

LA NARIZ

Comparaciones

Las variaciones promedio que presenta la nariz permiten su división en clases.

Las narices pueden ser pequeñas, grandes o muy grandes; cóncavas o convexas; con giba, aguileñas o rectas.

En las puntas pueden ser elevadas, horizontales o deprimidas; aplanadas, reducidas o torcidas.

Las alas pueden ser delicadas o rechonchas, redondas o planas, triangulares, cuadradas o con forma de almendra.

1. Lateral superior.
2. Lateral inferior.
3. Ala.
4. Septo.

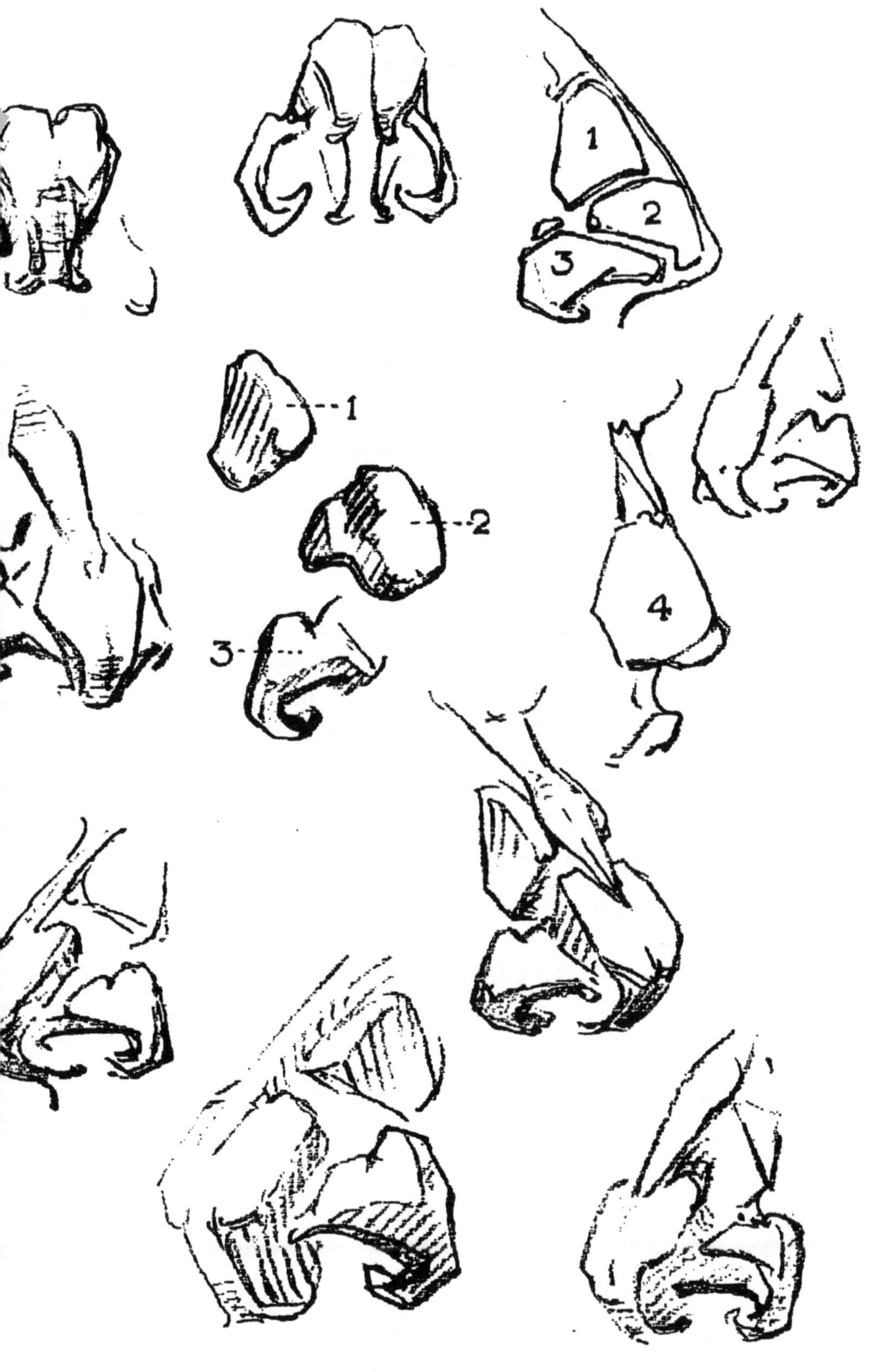

LA OREJA

En los animales, la oreja es un conjunto de cartílago móvil que termina en punta.

En el hombre este cartílago es prácticamente inmóvil. Lo que antes eran sus músculos ahora son bandas elásticas, que sólo conforman arrugas. Estas arrugas presentan gran variedad, pero siempre contienen ciertas formas definidas: un borde exterior, llamado hélix, que porta lo que antes era el extremo puntiagudo de la oreja; una elevación interna (antihélix), en cuyo frente se encuentra la fosa o depresión central (concha) con la entrada del canal auditivo. Sobre la fosa cuelga una solapa llamada trago y detrás de ella una solapa más pequeña llamada antitrago. Debajo del conjunto pende el lóbulo de la oreja.

Verticalmente, la oreja se alinea con el dorso de la mandíbula. Horizontalmente se encuentra entre las líneas de las cejas y la base de la nariz.

La oreja contiene tres planos, divididos por líneas que irradian desde el canal hacia arriba y atrás, y hacia abajo y atrás. La primera línea marca un ángulo deprimido entre sus planos; la segunda marca un ángulo elevado.

Generalmente las variaciones en las orejas son las siguientes: son grandes, medianas o pequeñas; y redondas, ovaladas o triangulares. Los resabios de la punta de la oreja pueden ser pronunciados, o pueden estar ausentes.

Cartílago de la oreja

1. Hélix.
2. Antihélix.
3. Trago.
4. Antitrago.

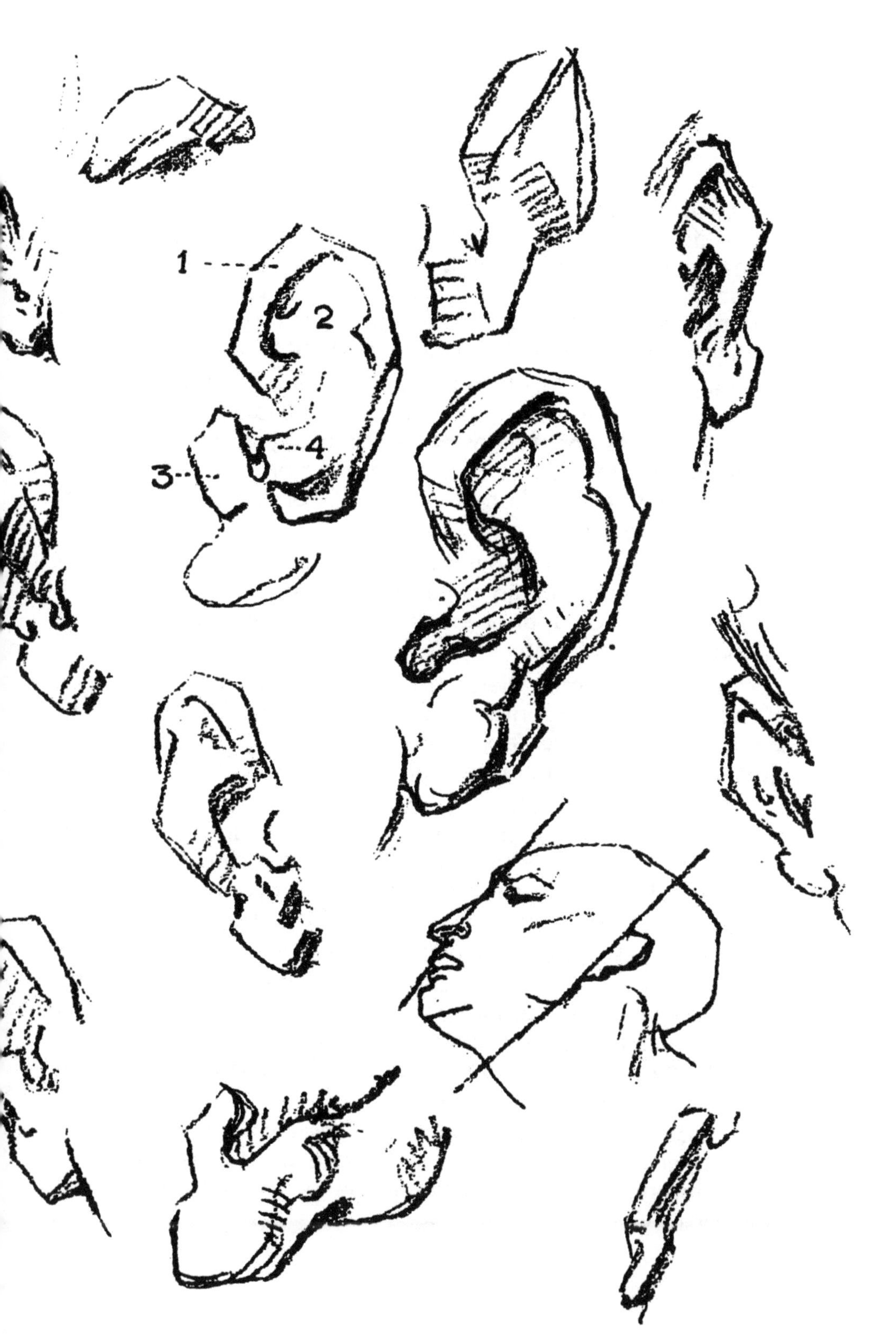

1
2
3
4

LA BOCA

La forma de la boca y de los labios deviene de la forma de la mandíbula. Cuanto más curvo sea el frente de la mandíbula, más curvos serán los labios; cuanto más plano, más rectos los labios. Una boca curvada no es posible sobre una mandíbula que es plana en su parte frontal, ni tampoco una boca recta y fina sobre una fila curvada de dientes superiores.

La parte superior de la boca (desde la nariz hasta el margen del labio) tiene un surco central con pilares a cada lado y dos alas anchas encorvadas hacia abajo, cuyos extremos están en los pilares de la boca. El surco termina en una cuña que ingresa en el labio superior. El labio se fija en ángulo con la parte superior de la boca.

Los labios superior e inferior se adaptan adecuadamente uno al otro cuando están cerrados pero tienen formas muy diferentes. El labio superior es plano y angular mientras que el inferior es redondeado.

El labio superior tiene un cuerpo central en forma de cuña. Arriba está indentado por la cuña del surco que está sobre él. Del centro del labio parten dos alas largas y delgadas, que se desvanecen bajo los pilares de la boca.

El labio inferior tiene una muesca en el centro y dos lóbulos laterales. Presenta tres superficies: Una superficie grande deprimida en la muesca central y otras dos más pequeñas a cada lado. Estas últimas disminuyen en grosor al curvarse hacia afuera y no son tan largas como el labio superior.

La base de la boca (bajo el labio inferior) se une al labio inferior en un ángulo menor que el existente entre la parte superior de la boca y el labio superior. La base de la boca se inclina hacia atrás y termina en el hoyuelo de la barbilla. Tiene un risco central pequeño y lineal, más dos lóbulos laterales limitados por los pilares de la boca.

La cavidad oval de la boca está rodeada por un músculo circular, el músculo orbicular de la boca. Sus fibras, que se superponen en las puntas, elevan la piel en los pliegues conocidos como los pilares de la boca.

Generalmente, el margen externo de este músculo está marcado por un pliegue en la piel, que comienza en las aletas de la nariz y traza una línea hacia afuera y hacia abajo, en distancias variables, en paralelo a los pilares. El extremo inferior del músculo puede llegar al hoyuelo de la barbilla. De él irradian varios músculos faciales de la mímica.

Las variaciones más comunes en los labios son: delgados o gruesos, prominentes, salientes o hundidos. Cada par de labios puede compararse con otro en cuanto a si los labios son rectos, curvos o arqueados; si tienen forma comprimida, de pimpollo, de mohín o puchero.

EL MENTÓN

Bajo el hoyuelo de la barbilla, la piel misma sobresale hacia adelante. El ancho de la base del mentón está marcado por dos líneas que, de prolongarse, se juntarían en el septo de la nariz, formando un triángulo que se acuña hacia arriba adentrándose en la base del labio inferior. A cada lado del mentón hay dos planos que llegan al ángulo de la mandíbula.

Las variaciones más comunes en el mentón son: alto o bajo, en punta o como una bola, fruncido o con hoyuelo, elongado, doble, etc.

LA BOCA

Detalle de la boca y labios

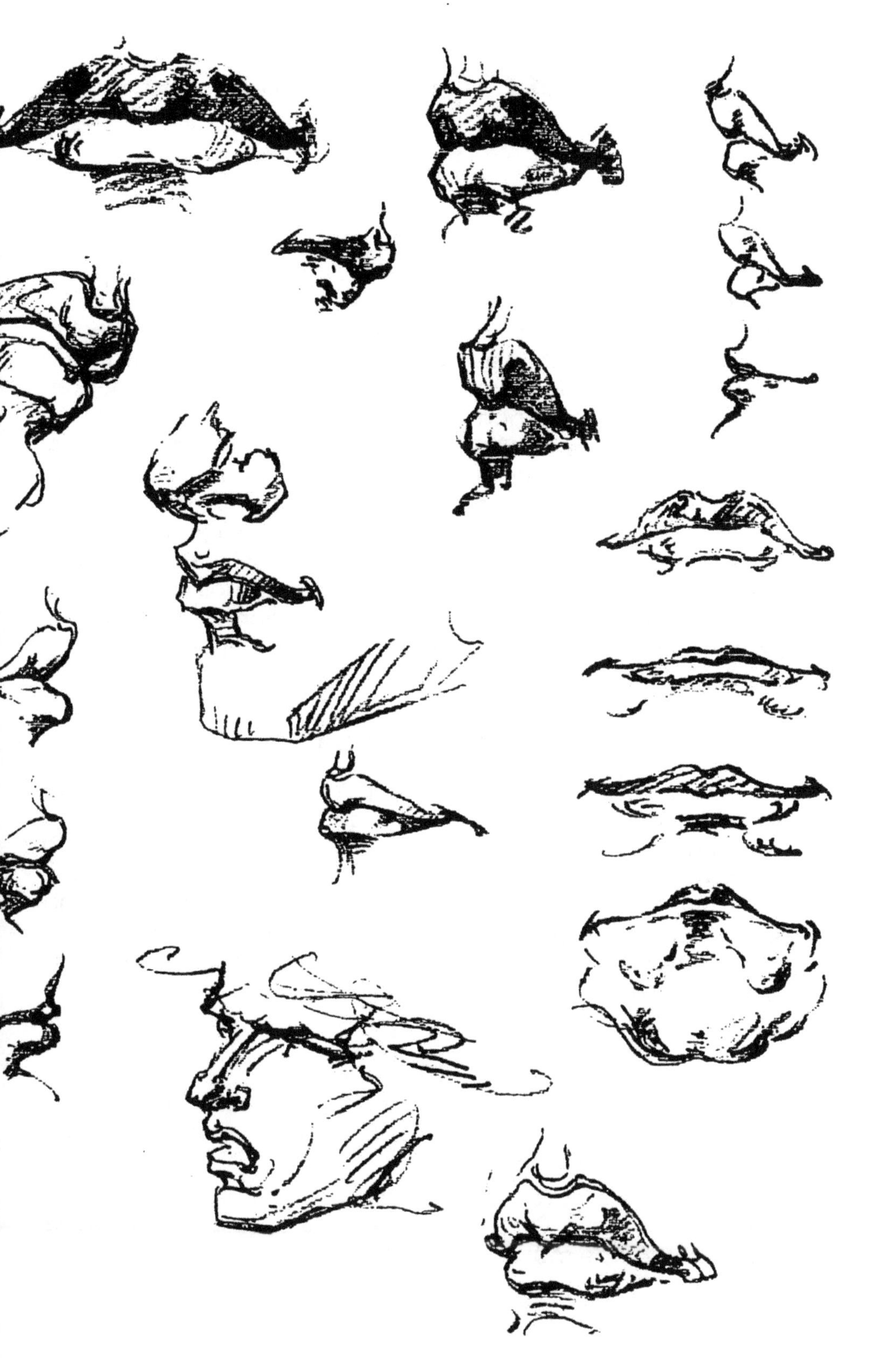

El torso — Vista frontal

Anatomía

La parte superior del cuerpo se construye alrededor de una caja ósea llamada tórax, que tiene forma cónica y está aplanada en el frente. Las paredes de esta caja son las costillas, doce de cada lado, que se fijan atrás a la columna vertebral y al frente al esternón. Las costillas superiores son cortas y forman un pequeño círculo. Su longitud aumenta hasta la séptima costilla, que es la más larga y la última que se fija al esternón. Las siguientes tres se hacen cada vez más cortas y llegan al esternón sólo gracias a un largo cartílago costal. Este cartílago, junto con el extremo del esternón (la apófisis xifoides), conforma el reborde costal. Las últimas dos costillas son cortas; sus extremidades anteriores están libres. Las primeras siete se llaman "costillas verdaderas", las siguientes tres "costillas falsas" y las últimas dos "costillas flotantes".

La clavícula

En la cima del cono formado por el tórax, las dos clavículas se fijan a la parte superior del esternón. Las clavículas elevan la masa del cono, alejándola de su centro y convirtiendo su cima en una superficie plana que se acuña hacia abajo. Las clavículas tienen forma de S. Sus extremos internos se curvan alrededor de la punta del cono, pero los externos se vuelven hacia adelante, trayendo la masa de los hombros con ellos para conformar la superficie plana frontal.

Músculos

Por consiguiente, sin los hombros la caja del pecho es un cono con la punta hacia arriba. Esta forma se percibe fácilmente debajo de los músculos.

Con los hombros, la caja del pecho es una cuña con la punta hacia abajo. Vista de perfil es una cuña ancha, cubierta por una masa de músculos laterales sobre la cresta ilíaca.

La cara anterior, compuesta principalmente por los músculos pectoral y recto abdominal, forma una cuña mucho más angosta. Su tercio superior se adentra hasta el límite inferior del músculo pectoral, en paralelo a ese músculo. Este tercio está limitado por una línea que cruza el borde inferior del músculo pectoral, justo debajo del pezón, atravesando la región epigástrica. Los dos tercios inferiores de la superficie frontal se biselan hacia abajo de modo mucho más pronunciado, siguiendo el borde del músculo recto; sus líneas casi se juntan en la sínfisis del pubis.

Una hendidura central vertical recorre la totalidad del frente del torso, dividiéndolo en dos mitades simétricas. Comienza en la base del cuello, entre las dos clavículas. En el pecho sigue el recorrido del esternón y parece más profunda por el bulto de los músculos pectorales a cada lado. Al final de su primer tercio hay una fosa llamada la región epigástrica, que marca la divergencia de las costillas. Al final de su tercio medio hay otra fosa, la del ombligo. Al final del tercio inferior se encuentra el montículo de la sínfisis. Esta línea es útil para ubicar las masas del tórax, el epigastrio, que significa "sobre el estómago" y el abdomen.

Masas

Las masas del torso son el tórax, el abdomen y el epigastrio, que se ubica entre ellos. El tórax y el abdomen son comparativamente fijas; el epigastrio tiene una considerable movilidad.

En la primera masa, la parte superior se define por una línea recta que marca las clavículas. La base de esta masa se define por una segunda línea, paralela a la primera, que atraviesa la base de los músculos del pecho y la región del epigastrio.

Aunque los hombros pueden moverse libremente, cambiando las líneas de la primera masa y abultando los músculos pectorales, la masa del torso cambia muy poco, exceptuando el leve cambio al respirar. Incluso en la respiración la porción superior cambia poco hasta la región epigástrica. Al respirar, las costillas inferiores realizan la mayor parte del movimiento.

El arco costal, compuesto por los cartílagos de las falsas costillas, se centra en la región epigástrica. En su centro cuelga pendiente el extremo del esternón llamado la apófisis xifoides; a cada lado el arco desciende en diagonal en una curva variable, separando el tórax del abdomen.

Bajo este arco se encuentra el abdomen, la parte más movible de la porción que tiene movimiento. Por debajo está limitado por una línea que pasa aproximadamente entre las puntas frontales de las crestas ilíacas. Su perfil exhibe las líneas del cono del tórax que divergen hacia abajo, las líneas de la cuña compuesta por el pecho y los hombros que convergen hacia abajo y el apuntalamiento provisto por los músculos laterales.

Al doblar o girar el cuerpo la línea central de esta porción se dobla siempre hacia el lado convexo, en paralelo a los bordes del músculo recto abdominal.

Este movimiento rompe la cuña recta del frente, que se convierte no en una cuña doblada sino en dos cuñas: Una es la mitad superior de la cuña original, que se prolonga hacia abajo sin completarse; y la otra es la mitad inferior, que se prolonga hacia arriba para unirse con la superior.

La masa del abdomen es más fija que estas dos cuñas. Su risco central tiene poca profundidad y puede desaparecer en la parte baja. Esta larga cuña termina en la sínfisis del pubis.

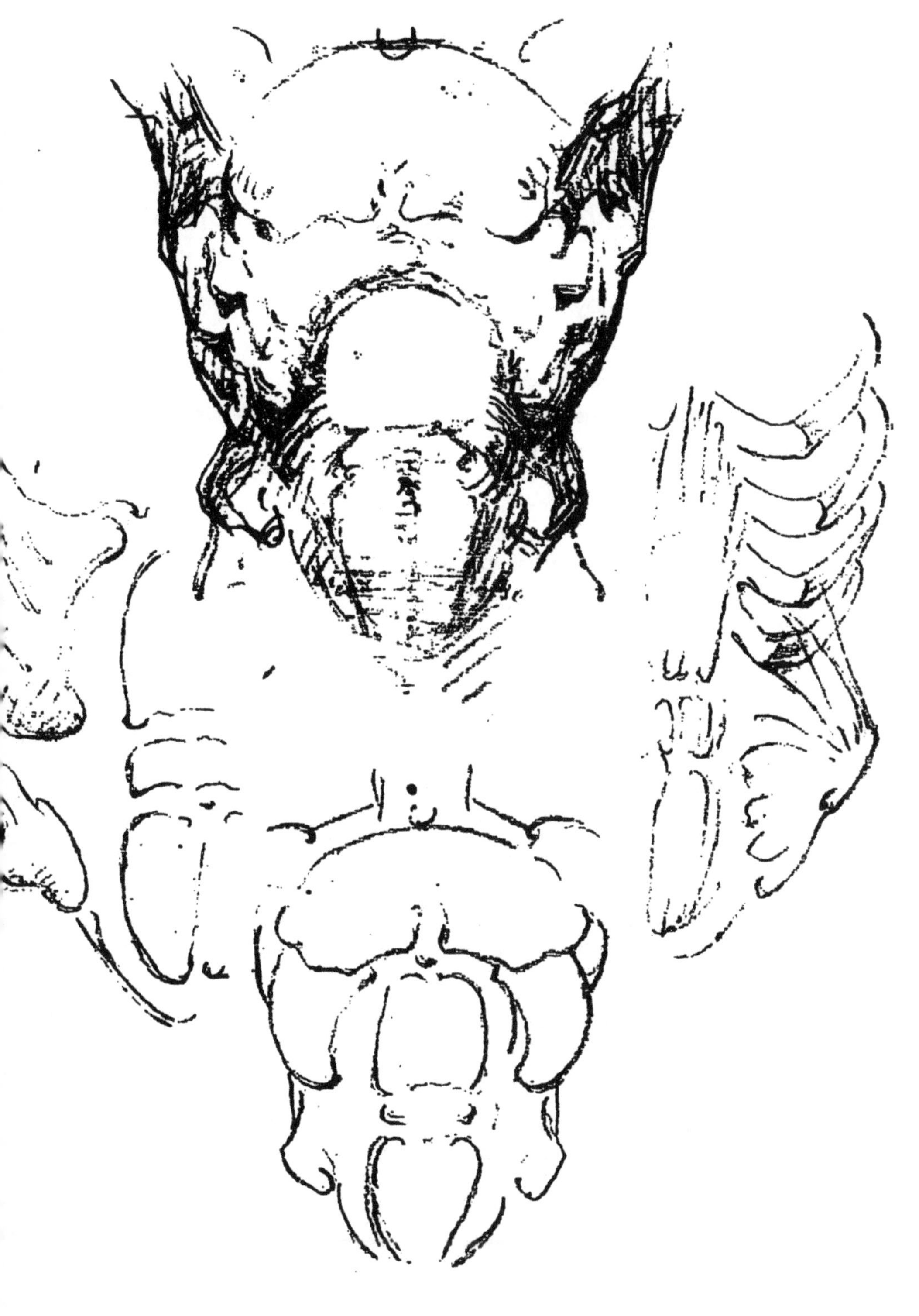

EL TORSO

Músculos del tronco, vista frontal:

1. Pectoral mayor.
2. Deltoides.
3. Recto abdominal.
4. Serrato anterior.
5. Oblicuo externo.

Ver **Pectoral mayor**, página 142.

Ver **Deltoides**, página 92.

Recto abdominal: Desde la sínfisis del pubis hasta los cartílagos de las costillas quinta a séptima.
Acción: Flexiona el tórax.

Serrato anterior: Desde las superficies de las primeras ocho costillas superiores hasta el borde espinal de la escápula, bajo la superficie.
Acción: Mueve la escápula hacia adelante, eleva las costillas.

Oblicuo externo: Desde las ocho costillas inferiores hasta la cresta ilíaca y el ligamento inguinal.
Acción: Flexiona el tórax.

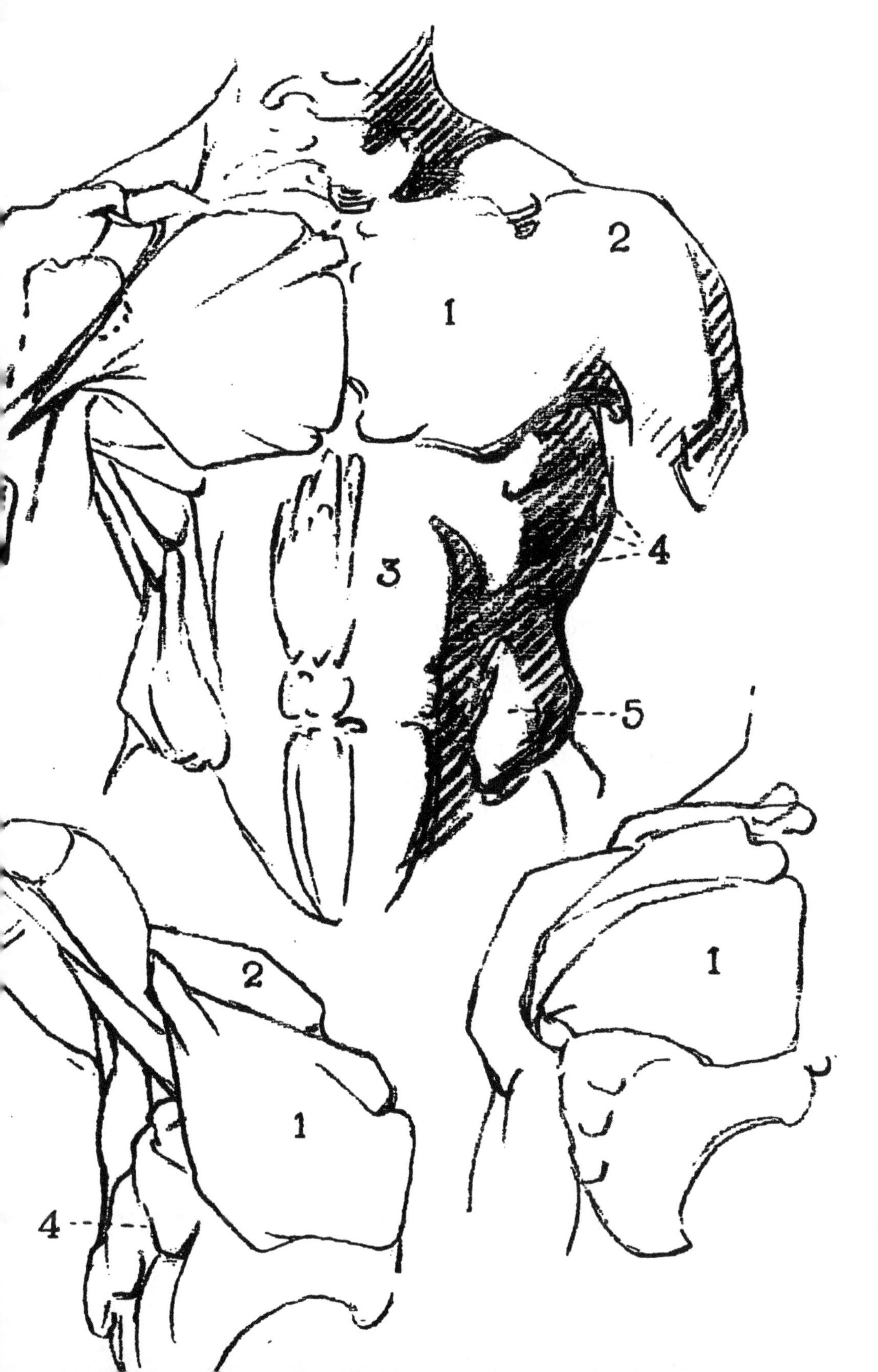

EL TORSO

Esqueleto del tronco

1. Pectoral menor.
2. Pectoral mayor.

Pectoral menor: Desde las costillas tercera, cuarta y quinta hasta la apófisis coracoides.

Acción: Deprime la punta del hombro.

Pectoral mayor: Desde la mitad interna de la clavícula, esternón, cartílagos costales (llegando a las costillas sexta y séptima) hasta el húmero.

Acción: Mueve el brazo hacia abajo y adelante.

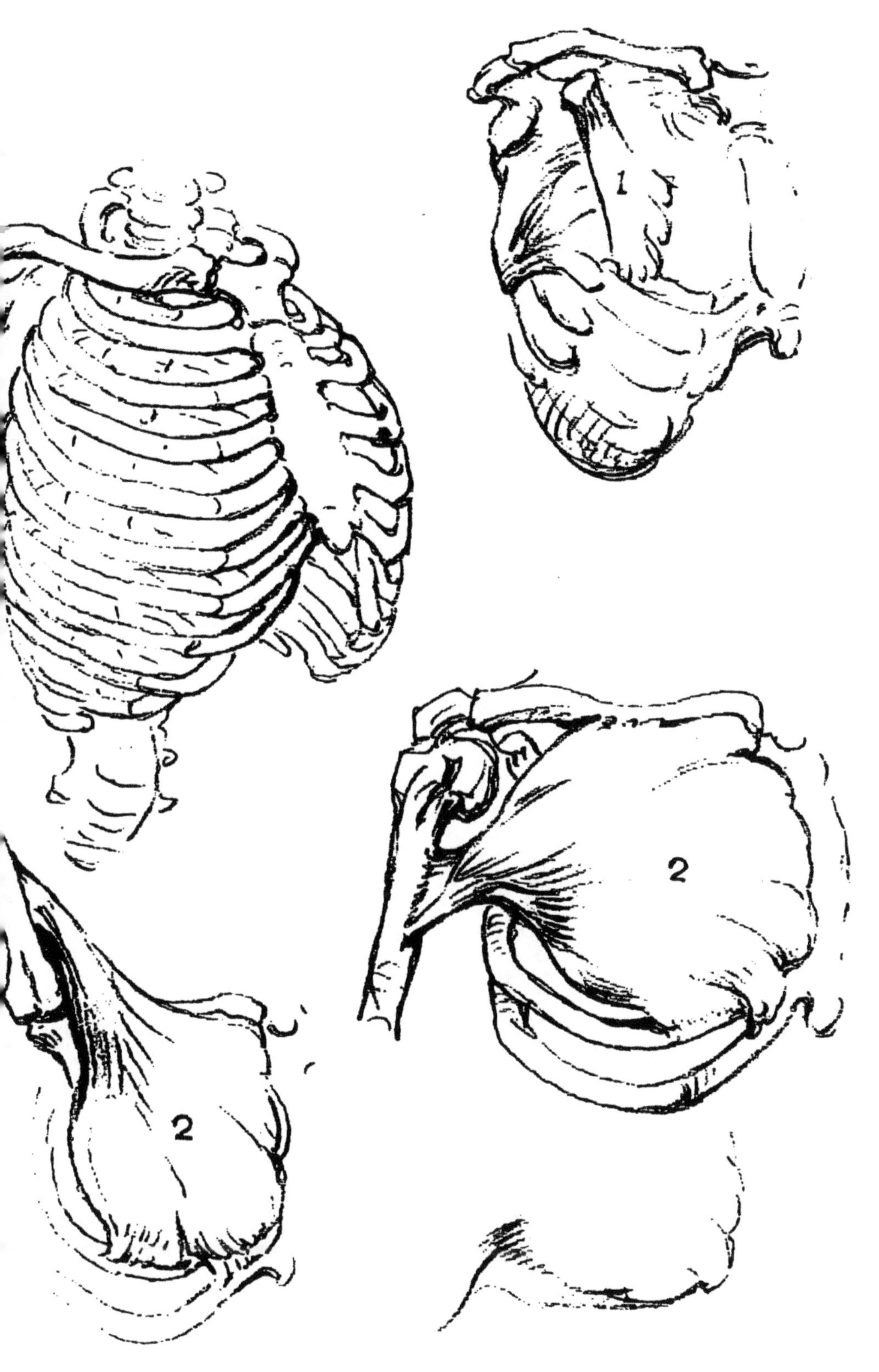

1
2
2

EL TORSO

Tronco, vista frontal: Axila y hombro

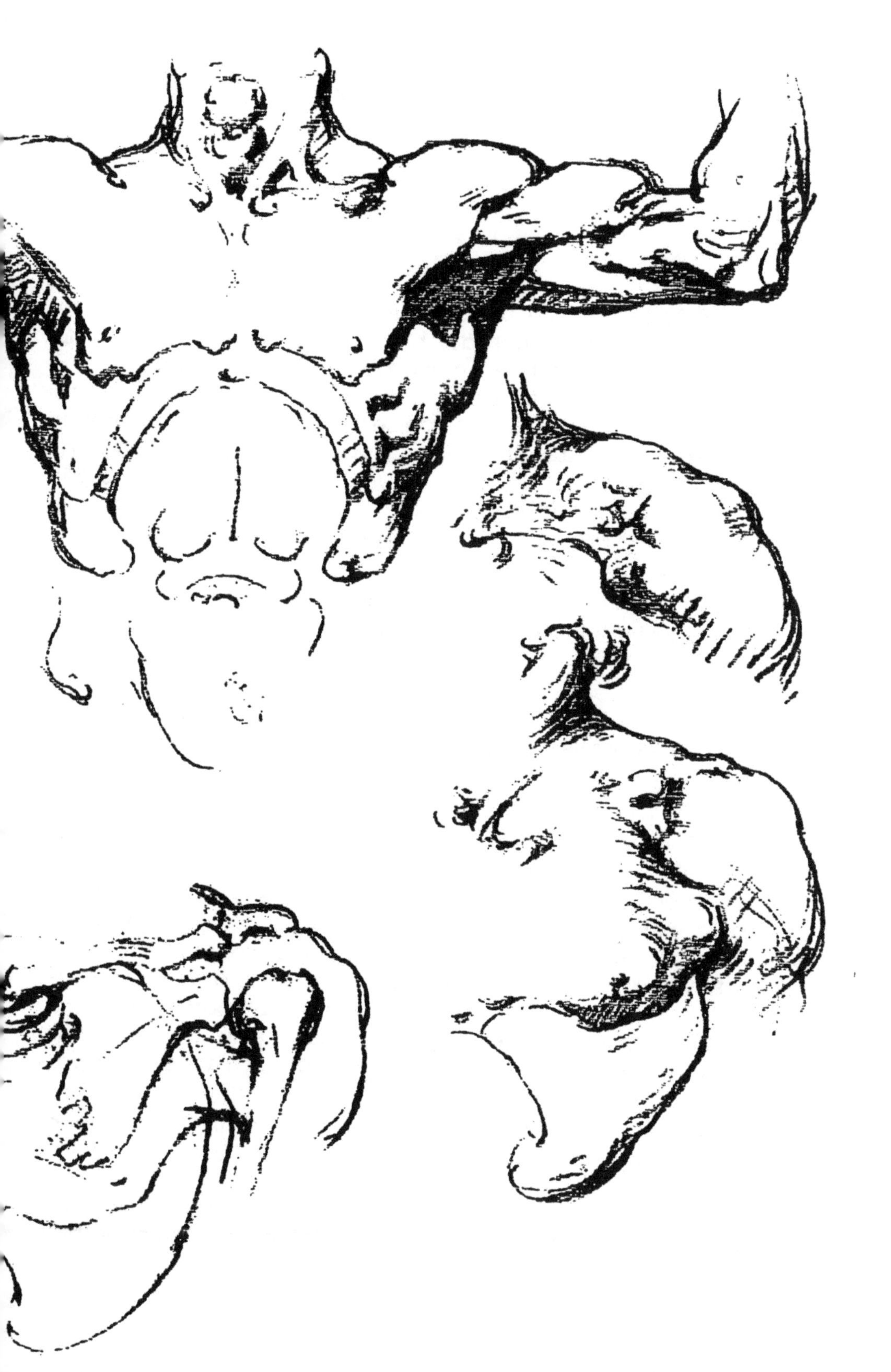

EL TORSO

Perfil

Visto de perfil, el torso erguido presenta en su cara anterior una larga curva con dos hendiduras, una en el límite del músculo pectoral y otra en el ombligo. Estas hendiduras dividen la larga curva en tres curvas menores, de longitud casi idéntica. Del lado de la espalda se ve la curva pronunciada de la cintura, opuesta al ombligo, que se convierte en la larga curva posterior del pecho y la curva más corta de las nalgas. La curva del pecho se ve interrumpida por la escápula, que está casi en vertical, y debajo de ella por la ligera protuberancia del músculo dorsal ancho.

En perfil el torso presenta tres masas: la del tórax, la de la cintura y la de la pelvis y abdomen. La primera y la última casi no cambian.

El límite superior de la masa del tórax es la línea de las clavículas. El límite inferior es una línea que sigue los cartílagos de las costillas, en perpendicular al largo diámetro del pecho.

Esta masa se hace más ancha cuando el tórax se expande al respirar. El hombro se mueve con libertad sobre ella, llevando consigo la escápula, clavícula y músculos.

Sobre esta masa se ven varias marcas: las de los cartílagos costales, que constituyen su límite, que se inclinan hacia adelante y arriba; las de las costillas, que se inclinan hacia adelante y abajo; y las "digitaciones", "marcas de dedos" del músculo serrato anterior. Éstas últimas son una hilera de pequeños triángulos que parte desde la punta del músculo pectoral, traza un recorrido paralelo a los cartílagos de las costillas y desaparece bajo el músculo dorsal ancho.

Debajo de la masa del tórax, la masa de la pelvis y abdomen presenta una inclinación hacia arriba y adelante. Está marcada por la cresta ilíaca y la cadera que se describen más adelante. Por delante puede aparecer aplanada, debido a la contracción de los músculos abdominales. Sobre su superficie se mueve libremente la cadera, cambiando la inclinación de la pelvis.

Entre estas dos masas, la masa central contiene las vértebras de la cintura. Esta masa puede cambiar considerablemente. Aquí ocurre prácticamente todo el movimiento de flexión y extensión de toda la columna vertebral y gran parte del movimiento de doblarse hacia los costados.

Esta masa está marcada por el apuntalamiento de músculos laterales. Por debajo, éstos sobresalen levemente sobre el canal pélvico; por arriba, apuntalan hacia adentro sobre el costado de la masa. La masa varía enormemente según las diferentes posiciones del torso.

Cara posterior

La espalda presenta numerosas depresiones y prominencias, debido a su estructura ósea y también a las delgadas capas de músculos que la entrecruzan en varias direcciones. Debe tenerse en cuenta que las capas superficiales se manifiestan sólo cuando entran en acción. Por ello, en todo cambio de posición, se deben considerar como referencias para esta región a la columna vertebral, la escápula y el acromion.

La columna vertebral, que abarca toda la extensión de la espalda, se compone de 24 vértebras. Un surco marca su recorrido. Las vértebras son las cervicales, las torácicas y las lumbares. Las cervicales son siete. La séptima es la más prominente de la columna vertebral —se la conoce como *vertebra prominens.* En la región torácica el surco no es tan marcado como lo es hacia abajo. En esta última hay 12 vértebras; cuando el cuerpo se inclina hacia adelante, las apófisis espinosas sobresalen claramente.

El surco de la columna vertebral se hace más profundo al llegar a las vértebras lumbares, donde aparece marcado por hoyuelos y depresiones. Aquí también se hace más ancho y más plano a medida que pasa sobre la superficie del sacro hacia el coxis. La longitud promedio de la columna vertebral es de unos 63,5 centímetros.

La punta exterior de la cintura escapular es el acromion. Se trata de la extremidad exterior y superior de un risco que se eleva desde la escápula. La escápula es una placa plana de hueso que calza perfectamente contra la caja torácica. Presenta un largo borde vertical interior, paralelo a la columna vertebral; una afilada punta inferior; un largo borde externo que apunta hacia la axila; y un corto borde superior, paralelo a la inclinación del hombro. La espina de la escápula comienza en el borde de la columna vertebral —aproximadamente un tercio hacia abajo— en un engrosamiento con forma de triángulo. Luego se eleva hasta que pasa sobre la punta superior externa, donde está la articulación del hombro, y vuelve hacia adelante para unirse con la clavícula en el acromion. Las partes prominentes de la escápula son este risco, el borde espinal y la punta inferior. La punta superior externa se hace más gruesa y se convierte en la glena para la cabeza del húmero, conformando la articulación del hombro propiamente dicha.

Movimientos

Los movimientos de flexión y de extensión se realizan casi exclusivamente en la cintura, en las vértebras lumbares. El movimiento de doblarse hacia un lado se realiza todo a lo largo de la columna vertebral. El movimiento de rotación se realiza en las vértebras lumbares cuando la columna vertebral está erguida, en las vértebras del medio cuando está a medio flexionar, y en las vértebras superiores cuando está doblada por completo. En las vértebras lumbares, el eje de rotación está detrás de la columna vertebral; en las vértebras del medio es neutral y en las dorsales superiores está frente a la columna vertebral.

Cada vértebra tiene un poco de movimiento. El movimiento total de la columna vertebral es el agregado de todos los pequeños movimientos de las vértebras.

La escápula se desliza contra la superficie de la caja torácica, en cualquier dirección. Puede elevarse (separándose de la caja torácica), en cuyo caso su punta o su espina se hacen prominentes bajo la piel. Es fácilmente responsable del 50% de todo el movimiento del hombro.

Volúmenes y reparos

Vista desde atrás, la masa del torso es una gran cuña con la punta hacia abajo, marcada por un complejo de cuñas menores y diamantes, y por las dos escápulas.

El perfil de los lados presenta una cuña ancha e incompleta, cuyas líneas, si se prolongaran, formarían una punta muy por debajo de las nalgas. La superficie de la espalda presenta una gran cuña invertida con base en las puntas de los hombros, con la punta clavada entre las nalgas, apuntalada a los lados por las masas laterales de músculo de la cintura. Al agregar el cuello esto se convierte en un diamante con una punta muy redondeada.

Verticalmente, todo a lo largo de la masa corre la línea divisoria de la columna vertebral. Al doblarse el torso, la columna vertebral se ve como una serie de pomos (las puntas de las apófisis espinosas de las vértebras); cuando el torso está erguido se ve como un surco, excepto en la base del cuello donde está la apófisis espinosa de la séptima vértebra cervical. Esta vértebra sirve como una especie de parhilera para los tendones musculares del cuello y los hombros; por eso tiene a su alrededor una fascia plana y continua sin fibra muscular, que forma un diamante menor cobijado bajo la punta superior de la masa.

EL TORSO

El tronco, vista lateral

1. Músculo dorsal ancho.
2. Músculo oblicuo externo.

Músculo dorsal ancho: Desde la sexta vértebra torácica hasta el sacro y la cresta ilíaca. Pasa por dentro del húmero para insertarse del lado frontal cerca de la cabeza.

Acción: Mueve el brazo hacia atrás y adentro.

Músculo oblicuo externo: Desde las ocho costillas más bajas hasta la cresta ilíaca y el ligamento inguinal.

Acción: Flexiona el tórax.

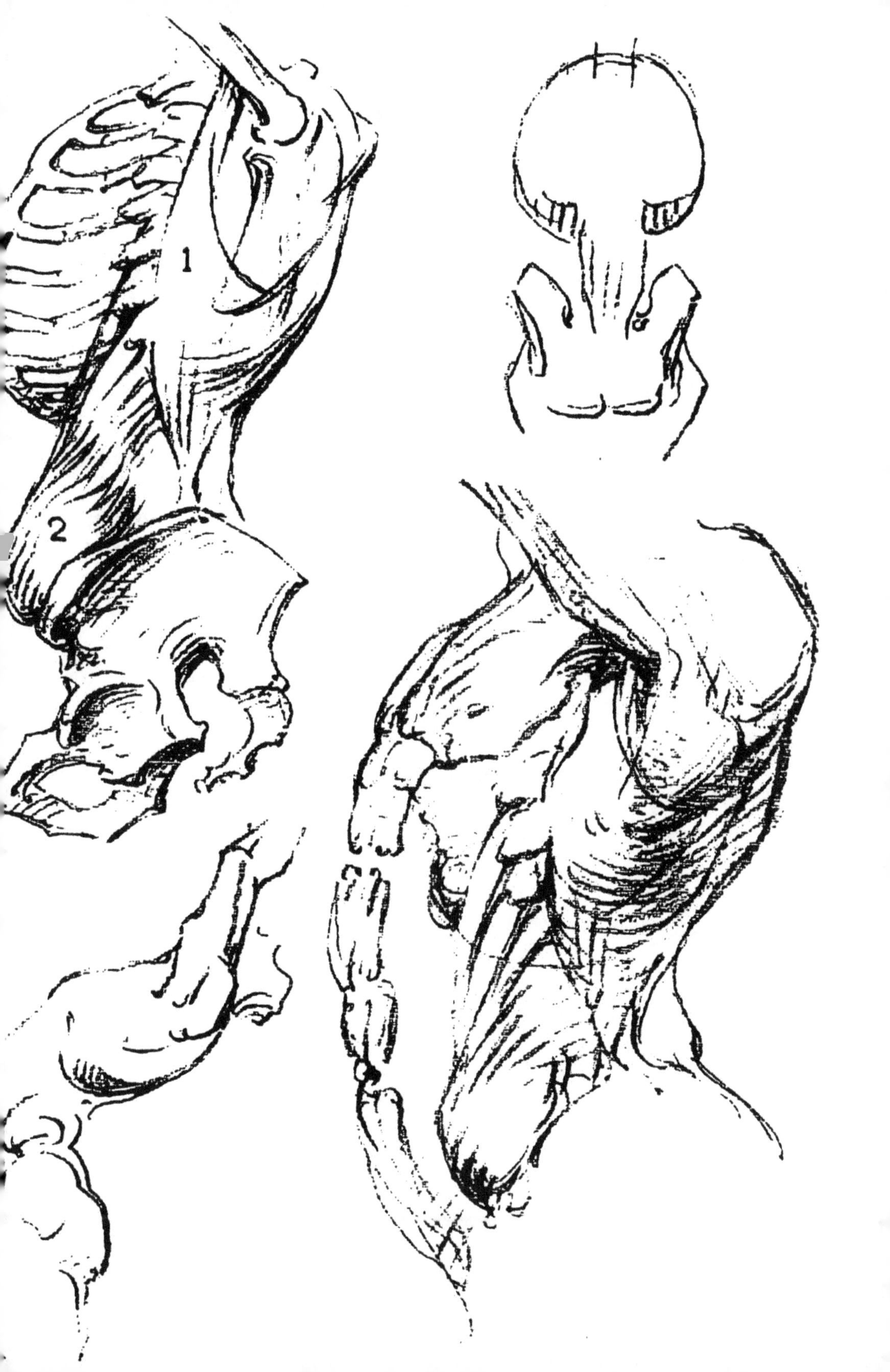
1
2

EL TORSO

Músculos del tronco, cara posterior

1. Trapecio.
2. Deltoides.
3. Dorsal ancho.

Trapecio: Desde el hueco occipital, ligamento de la nuca y columna vertebral (incluyendo hasta la 12° vértebra dorsal) hasta la clavícula, apófisis acromion y risco de la escápula.

Acción: Extiende la cabeza, eleva el hombro y rota la escápula.

Ver **Deltoides**, página 92.

Ver **Dorsal ancho**, página 150.

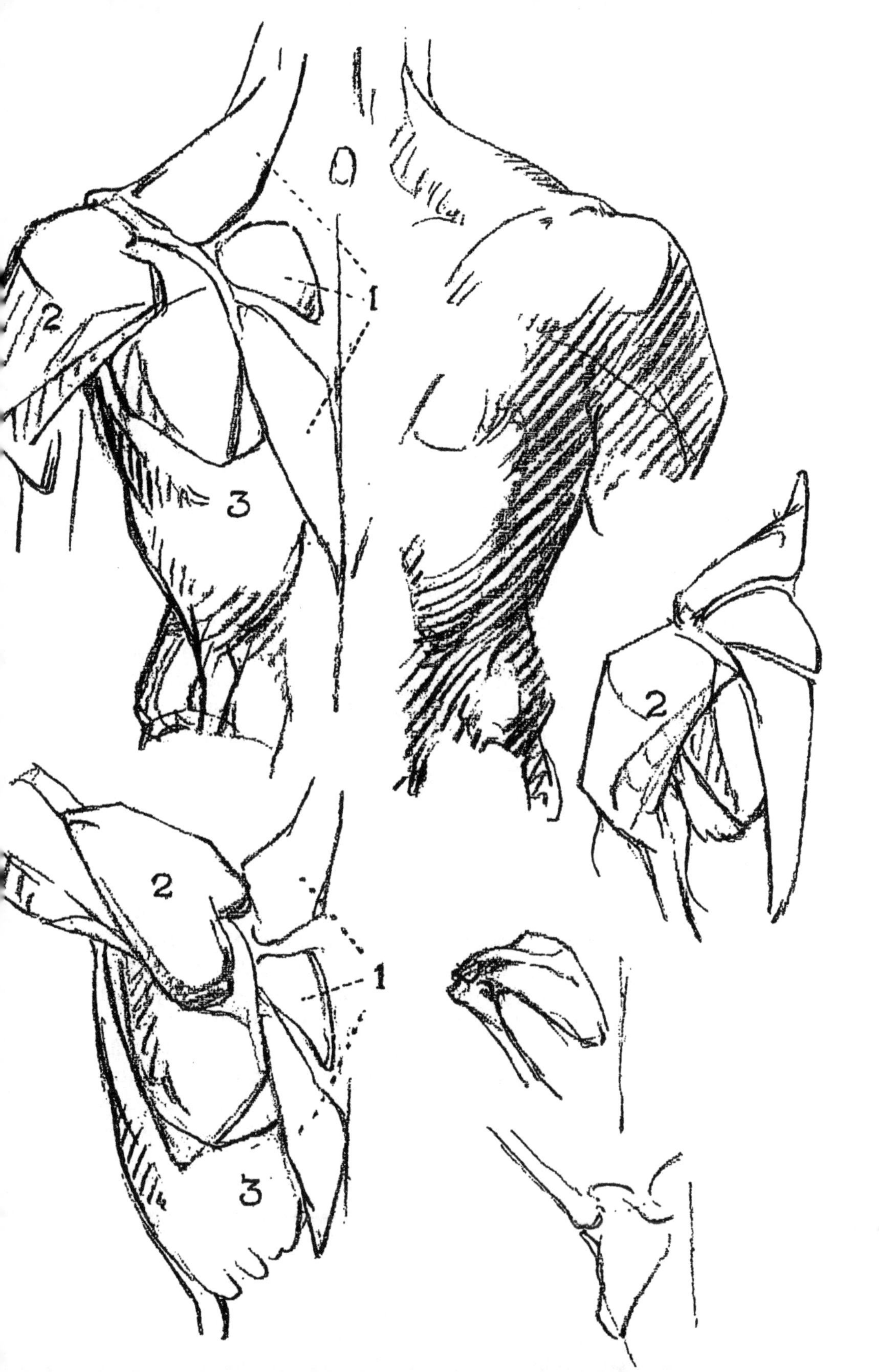

2
1
3
2
3
2
1
4
3

El torso

Cara posterior

Anatomía

El trapecio es un músculo con forma de diamante. Su punta superior está en la base del cráneo, su punta inferior muy por debajo de las escápulas y tiene dos puntas en la cintura escapular en oposición al deltoides, como si fuera una continuación de ese músculo.

Desde el sacro los músculos divergen hacia arriba, mientras que las costillas inferiores y la punta inferior de la escápula divergen hacia abajo, conformando diamantes menores demarcados por contornos de definición variable.

La espina de la escápula es siempre llamativa. Apunta en diagonal hacia la punta del hombro. Está posicionada en un ángulo fijo, mayor que un ángulo recto, con respecto al borde espinal, y en ángulo recto con respecto a la punta exterior e inferior de la escápula.

Al estar el cuerpo relajado, tanto la espina como la superficie posterior de la escápula se ven como riscos bajo la piel. Cuando los músculos se contraen, al aumentar de volumen hacen que se vean como surcos.

Los músculos a ambos lados de la espina de la escápula son fácilmente reconocibles. El deltoides se encuentra debajo y afuera, el trapecio arriba y adentro, aunque también se extiende desde la punta interna de la espina hasta bien abajo en la columna vertebral. Debajo de éstos y contribuyendo a que sobresalgan, se encuentran los músculos romboides que suben desde la escápula diagonalmente hacia la columna vertebral; y el músculo elevador de la escápula, que sube desde la punta superior de la escápula en forma casi vertical hasta la cima del cuello.

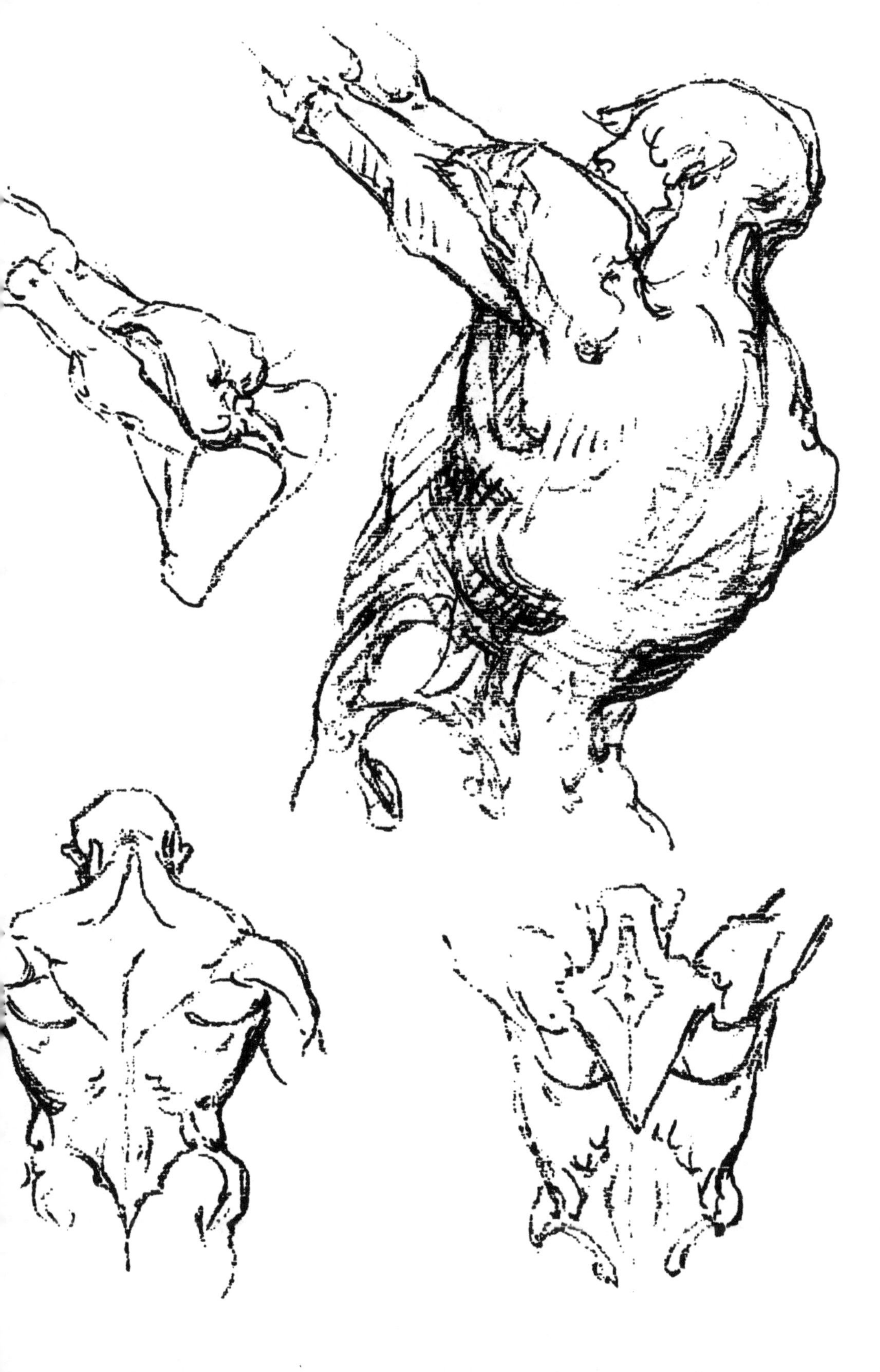

EL TORSO

Tronco, cara posterior

Volúmenes y sus movimientos:
Inclinación y torsión

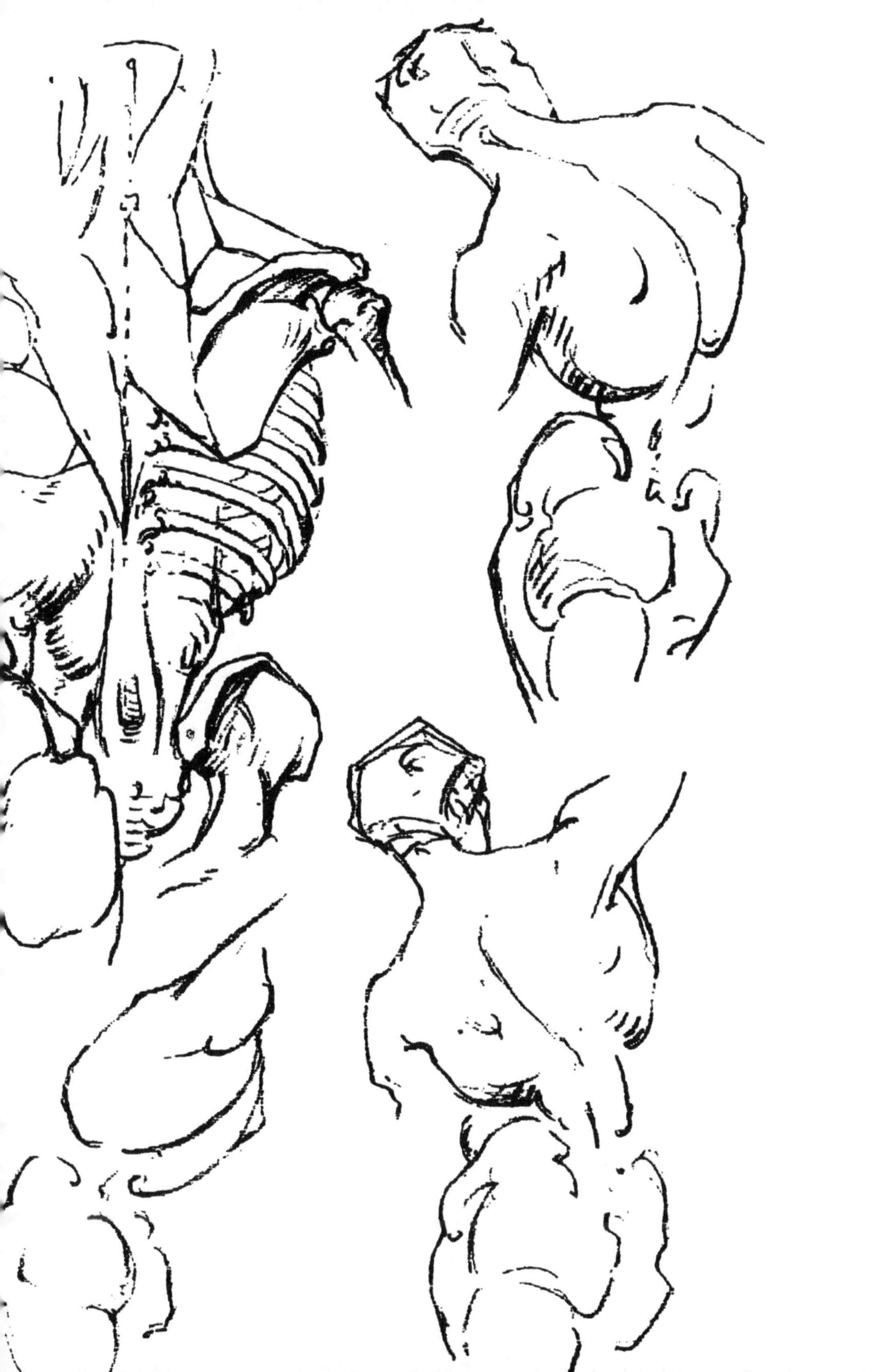

EL TORSO

La caja torácica

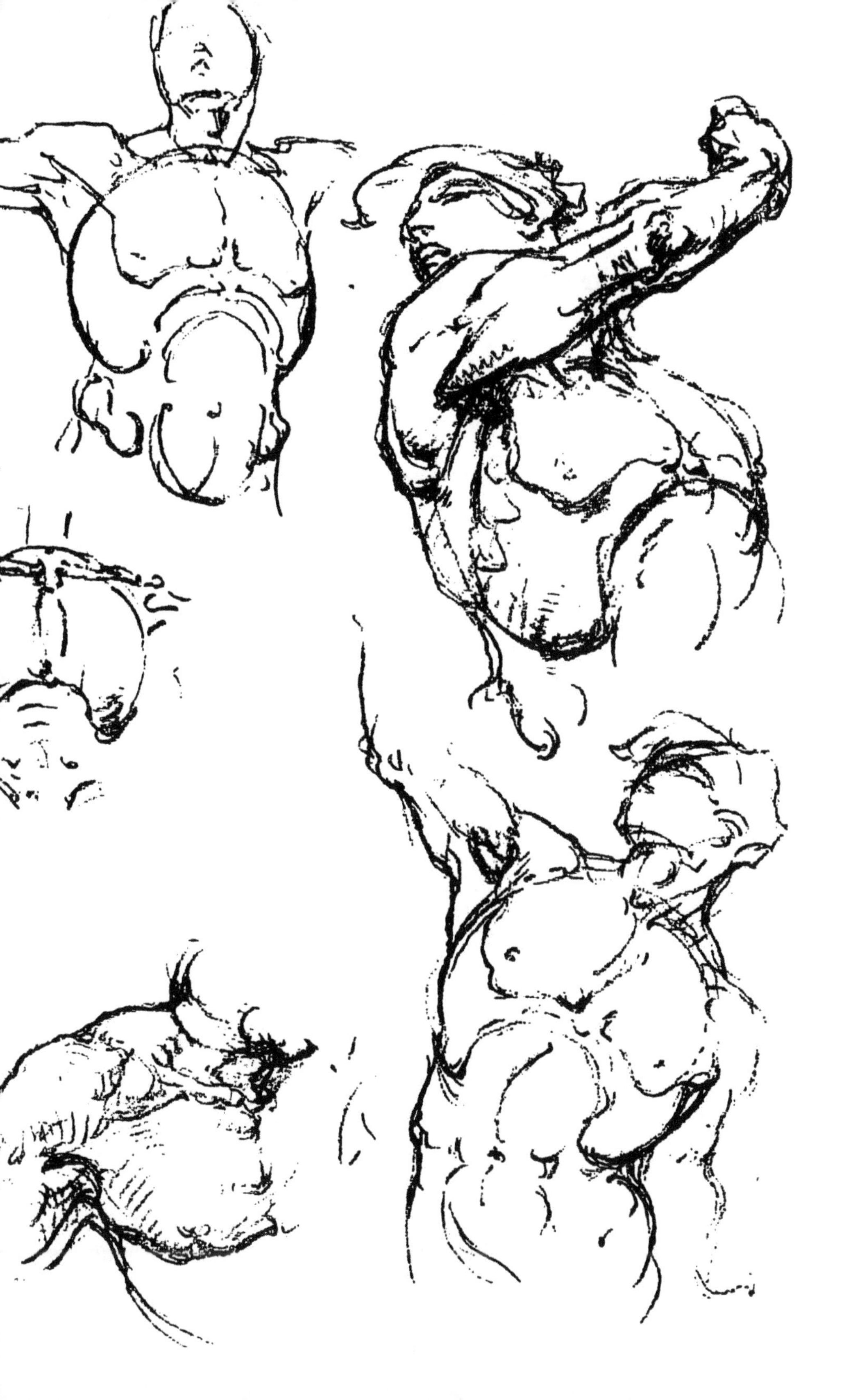

EL TORSO

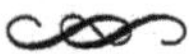

Ensamblado de la caja torácica en las caderas

Ensamblado de la caja torácica en las caderas

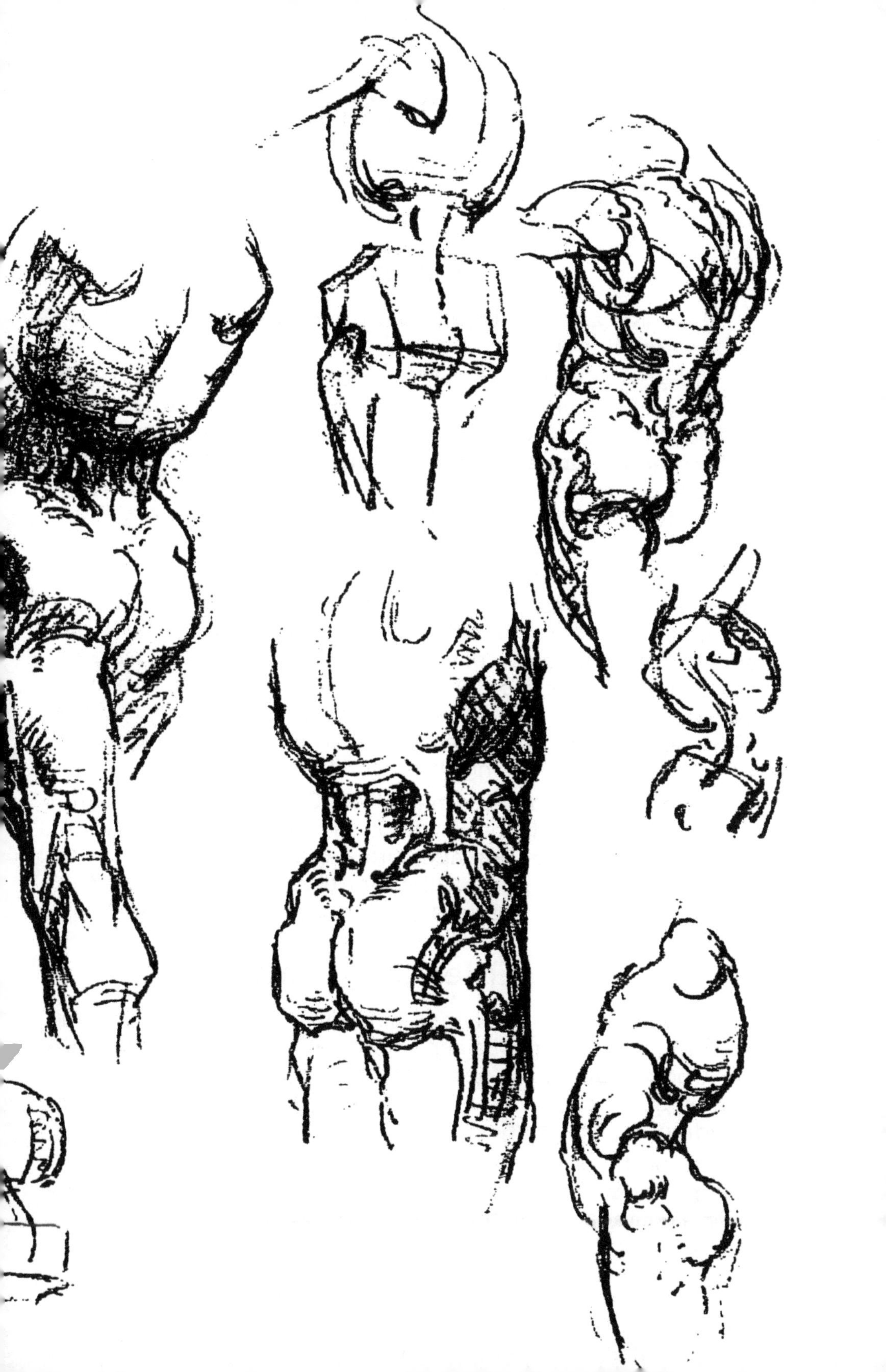

LA PELVIS

Anatomía

La pelvis está compuesta por tres huesos: el coxal y el sacro, palabra que significa "sagrado".

El sacro es una cuña del tamaño aproximado de la mano, pero de forma más perfecta. Está curvado como una mano semi-doblada y tiene una punta muy pequeña —el coxis— de aproximadamente el mismo tamaño que la última articulación del pulgar. El sacro conforma la pieza central de la espalda. Se curva primero hacia atrás y abajo, luego hacia abajo y adentro.

Los dos huesos que componen el coxal tienen forma de dos hélices, con aspas triangulares inclinadas en direcciones opuestas. Al dorso de la pelvis, las puntas traseras de las aspas superiores se unen con el sacro. Al frente de la pelvis, las puntas frontales de las aspas inferiores se unen también con el sacro, conformando la sínfisis del pubis. Cada cuenca de la pelvis es el eje de una de estas hélices. En cada hélice, las aspas se encuentran en ángulo recto con respecto a la otra.

El aspa superior se llama el ilion. El aspa inferior se llama pubis en su parte frontal, isquion en su parte dorsal; ambas están separadas por una abertura. Las únicas partes cerca de la superficie son la punta superior del aspa superior, la cresta ilíaca, y la punta frontal del aspa inferior, sínfisis del pubis.

Volúmenes y reparos

El tamaño de la pelvis se debe a su posición como el eje mecánico del cuerpo. Es el punto de apoyo para los músculos del tronco y de las piernas, y su tamaño es grande en relación a ellos. Su masa se inclina levemente hacia adelante y es algo cuadrada en comparación con el tronco.

El borde de los lados se llama la cresta ilíaca. Es el punto de apoyo de los músculos laterales y con ese fin presenta una forma dilatada a lo ancho, siendo un poco más ancha al frente que al dorso.

Sobre el borde superior se encuentra un rollo de músculo que pertenece a la pared abdominal. Inmediatamente debajo de éste hay un surco o depresión, conformado por la comba hacia abajo de los músculos de la cadera, que desaparece cuando estos músculos se contraen.

LA CADERA

Cuando la cadera cambia de posición, produce cambios tan grandes en la forma superficial de los músculos que sólo queda un punto de referencia estable: la cresta ilíaca. Ésta tiene forma curva pero al estar biselada hacia atrás, presenta a la vista lateral dos líneas que casi convergen en su cima.

La línea posterior está marcada por dos hoyuelos en el lugar en que se une con el sacro. Continuando hacia abajo, la línea llega hasta el pliegue de las nalgas. El músculo glúteo mayor pasa por la línea entera, hacia abajo y hacia adelante, hasta que llega a un punto justo debajo de la cabeza del fémur, formando la masa de las nalgas y la cadera.

Frente a esto, desde la cima de la cresta ilíaca desciende el músculo glúteo medio, formando una cuña cuya punta se encuentra en la cabeza del fémur. Entre estos dos se encuentra el hoyuelo de la cadera.

Sólo una parte del glúteo medio está en la superficie. Su parte frontal está cubierta por el músculo tensor de la fascia lata, que se eleva desde el borde de la línea frontal de la cresta ilíaca y luego desciende, formando junto con el glúteo mayor la cuña que es rellenada por el glúteo medio. El tensor de la fascia lata y el glúteo mayor se fijan a la cintilla iliotibial, que es un denso caparazón de fascia que protege el exterior del muslo. La cintilla iliotibial siempre es prominente; su aspecto varía enormemente según las distintas posiciones de la cadera, formando una arruga con forma de "U" cuando la cadera está completamente flexionada.

Sobre el lado frontal de la cresta se encuentra una pequeña prominencia del que desciende el músculo sartorio —del latín sartor, sastre—, el más largo del cuerpo. Éste forma una grácil curva que recorre el lado interno del muslo, llegando hasta abajo de la rodilla.

Desde justo debajo de esta prominencia, y por lo tanto bajo el músculo sartorio, desciende el músculo recto femoral, que va directo a la rótula.

Desde la prominencia, la línea continúa hacia abajo y adentro hasta la sínfisis, marcando el límite entre el abdomen y el muslo.

La pelvis y la cadera

1. Tensor de la fascia lata.
2. Sartorio.
3. Recto femoral.
4. Glúteo medio.
5. Glúteo mayor.

Ver **Tensor de la fascia lata**, **Sartorio** y **Recto Femoral**, página 170.

Glúteo medio: Desde la superficie exterior del ilion hasta el trocánter mayor.

Acción: Abduce y rota el muslo hacia adentro.

Glúteo mayor: Desde la porción posterior de la cresta ilíaca, el sacro y el coxis hasta el fémur.

Acción: Extiende, rota y gira el muslo hacia afuera.

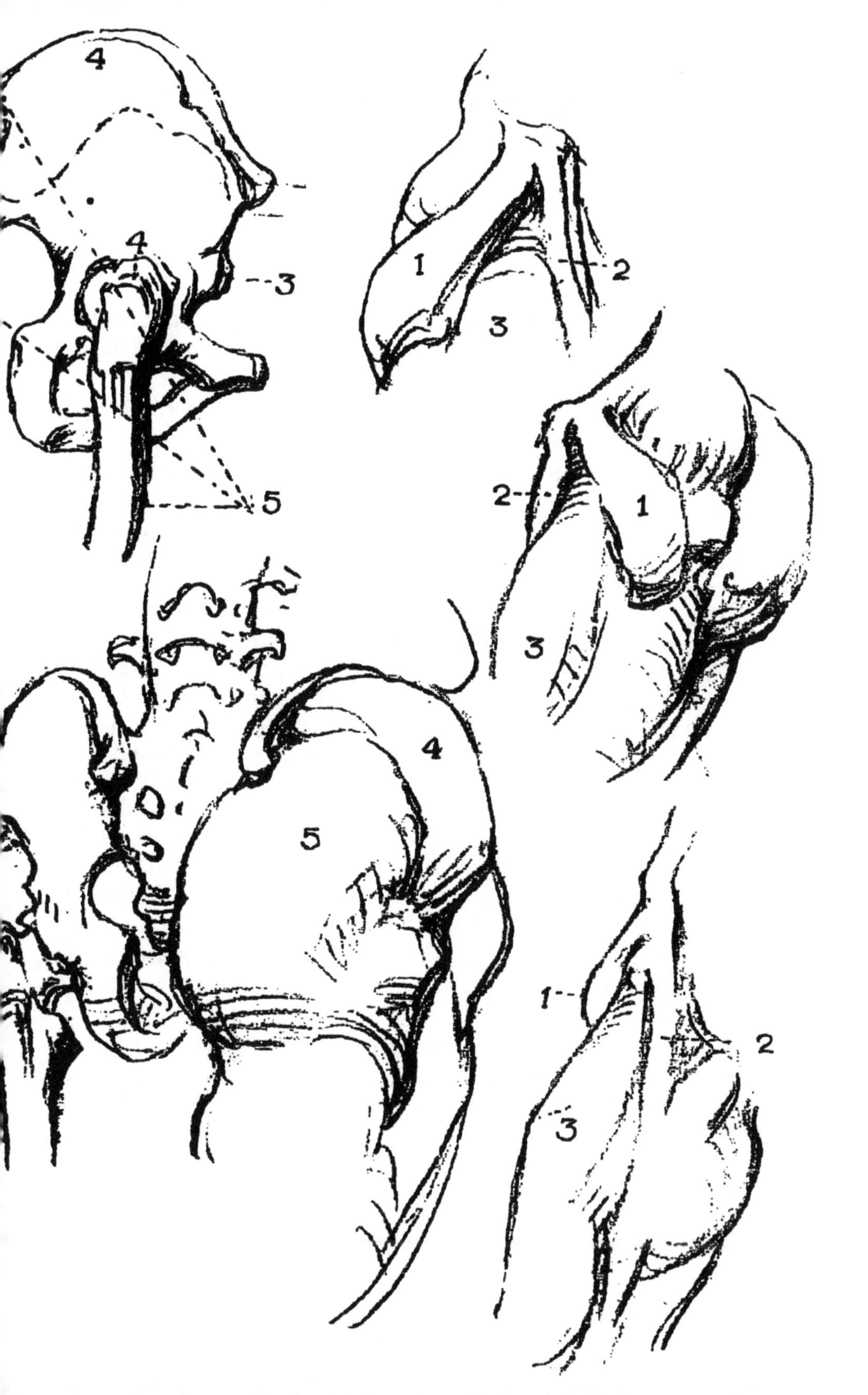

4
4
3
5
1
2
3
2
1
3
4
5
1
2
3

EXTREMIDADES INFERIORES

Anatomía

La extremidad inferior se divide en tres partes: el muslo, la pierna y el pie, que corresponden al brazo, el antebrazo y la mano de la extremidad superior.

El muslo se extiende desde la pelvis hasta la rodilla y la pierna desde la rodilla hasta el pie.

El hueso más largo y fuerte del cuerpo es el fémur, el hueso del muslo. Se une a los huesos de la pelvis en la cuenca de la cadera, mediante un largo cuello que lleva su asta más arriba de la parte más ancha de la cresta ilíaca. Desde allí los dos fémures convergen al acercarse a las rodillas, ubicando las rodillas verticalmente bajo las cuencas de la pelvis. En la rodilla, el fémur reposa sobre la tibia, el hueso principal de la pierna. El fémur y la tibia forman una articulación en bisagra. La tibia desciende hasta conformar la parte interna del tobillo. Junto a la tibia se encuentra el peroné, el segundo hueso de la pierna. Arriba, el peroné no llega hasta la rodilla; abajo, desciende hasta conformar la parte externa del tobillo. Se encuentra del lado externo de la pierna y está fijado a la tibia en los extremos superior e inferior. Tibia y peroné son casi paralelos. Sobre la unión del fémur con la tibia yace la rótula, un hueso pequeño de forma casi triangular, plano en su lado interno y convexo en su superficie.

El trocánter mayor del fémur es la punta superior del asta, que llega un poco más arriba del punto de unión del cuello del fémur.

La porción más baja del fémur se ensancha para formar dos grandes apófisis en bisagra, conocidas como cóndilos. Se encuentran en los lados interno y externo, y las dos son visibles.

EL MUSLO

Anatomía

Desde la cabeza del fémur, el trocánter, hasta el exterior de la rodilla corre una cinta de tendón llamada la cintilla iliotibial, que traza una línea recta entre ambos puntos.

El músculo recto femoral traza una línea recta, que tiene una leve protuberancia, desde justo debajo de la cresta ilíaca hasta la rótula.

A cada lado de la rótula se encuentra una masa gemela de músculos. La masa externa, el músculo vasto lateral, conforma una sola masa con la rótula y sobresale levemente por sobre la cintilla iliotibial del lado externo. La masa interna, el músculo vasto medial, se abulta sólo en el tercio inferior del muslo. Del lado interno sobresale por encima de la rodilla.

Detrás y dentro del muslo se encuentra el surco del músculo sartorio, que va desde el ilion en la cadera hasta el dorso de la rodilla.

Debajo de este surco se encuentra la pesada masa de los aductores, que desciende sobre el muslo cubriendo dos tercios de su longitud.

Detrás del surco y los aductores, alrededor del dorso del muslo y llegando hasta la cintilla iliotibial, se encuentra la masa de los músculos isquiocrurales, cuyos tendones se ven a cada lado del dorso de la rodilla. Es una masa muscular dual, que se divide arriba del hueco poplíteo que está detrás de la rodilla. Este espacio tiene forma de diamante —cuya punta inferior está formada por el músculo gastrocnemio—; presenta una división similar a la masa de los músculos isquiocrurales.

Volumen

La masa del muslo se inclina hacia adentro, desde la cadera hacia la rodilla. Está levemente biselada hacia la rodilla en sus lados frontal, dorsal y exterior.

LA PIERNA

La cabeza de la tibia tiene el mismo ancho que el extremo inferior del fémur. Debajo de la cabeza, el asta se angosta a ambos lados, pero este angostamiento se ve compensado con creces por el peroné, que corresponde al cúbito en el antebrazo y se encuentra del lado externo, levemente hacia atrás.

El risco de la tibia desciende directo hacia abajo sobre el lado frontal de la pierna, presentando un borde filoso del lado externo y una superficie plana del lado interno. En el tobillo, esta superficie se dobla hacia adentro para convertirse en el hueso del tobillo interno.

El hueso externo de la parte inferior de la pierna, el peroné, al comenzar su recorrido es cubierto por una masa muscular abultada, de grácil curva. De allí emerge nuevamente para convertirse en el hueso del tobillo externo.

Al dorso de la pierna hay dos músculos. Por debajo yace el plano y ancho músculo sóleo, del latín *solea*, "sandalia". Sobre él se encuentra el músculo de la pantorrilla, el gastrocnemio, comúnmente llamado "gemelo", que cubre la mitad superior y cruza la articulación de la rodilla donde contribuye a formar dos protuberancias. Estos dos músculos se unen en su porción inferior para conformar el tendón de Aquiles.

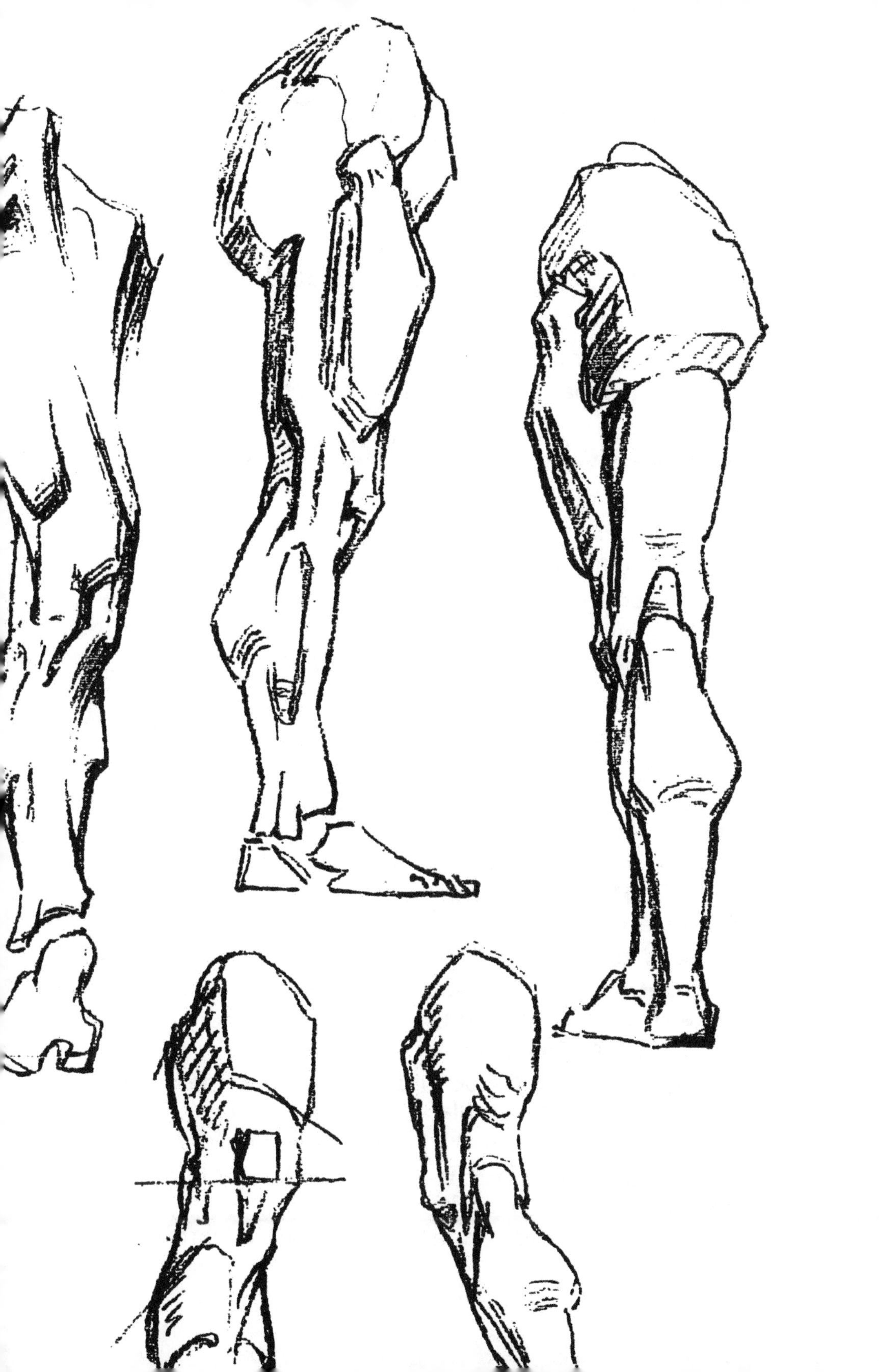

EXTREMIDADES INFERIORES

Huesos de la extremidad inferior:

Cadera: Pelvis.

Muslo: Fémur.

Pierna: Tibia y peroné del lado exterior.

Músculos de la extremidad inferior, vista frontal:

1. Tensor de la fascia lata.
2. Sartorio.
3. Recto femoral.
4. Vasto lateral.
5. Vasto medial.
6. Tibial anterior.
7. Peroneo largo.
8. Extensor largo de los dedos

Tensor de la fascia lata: Desde el extremo frontal de la cresta ilíaca hasta la cintilla iliotibial de la fascia lata.

Acción: Tensa la fascia y rota el muslo hacia adentro.

Sartorio: Desde la espina ilíaca en el lado frontal, hasta la tibia en el lado interior.

Acción: Flexiona, aduce y rota el muslo hacia adentro.

Recto femoral: Desde la espina ilíaca anterior inferior hasta el tendón común de la rótula.

Acción: Extiende la pierna.

Vasto lateral: Desde el lado externo del fémur hasta el tendón común de la rótula.

Acción: Extiende y rota la pierna hacia afuera.

Vasto medial: Desde el lado interior del fémur hasta el tendón común de la rótula.

Acción: Extiende y rota la pierna hacia adentro.

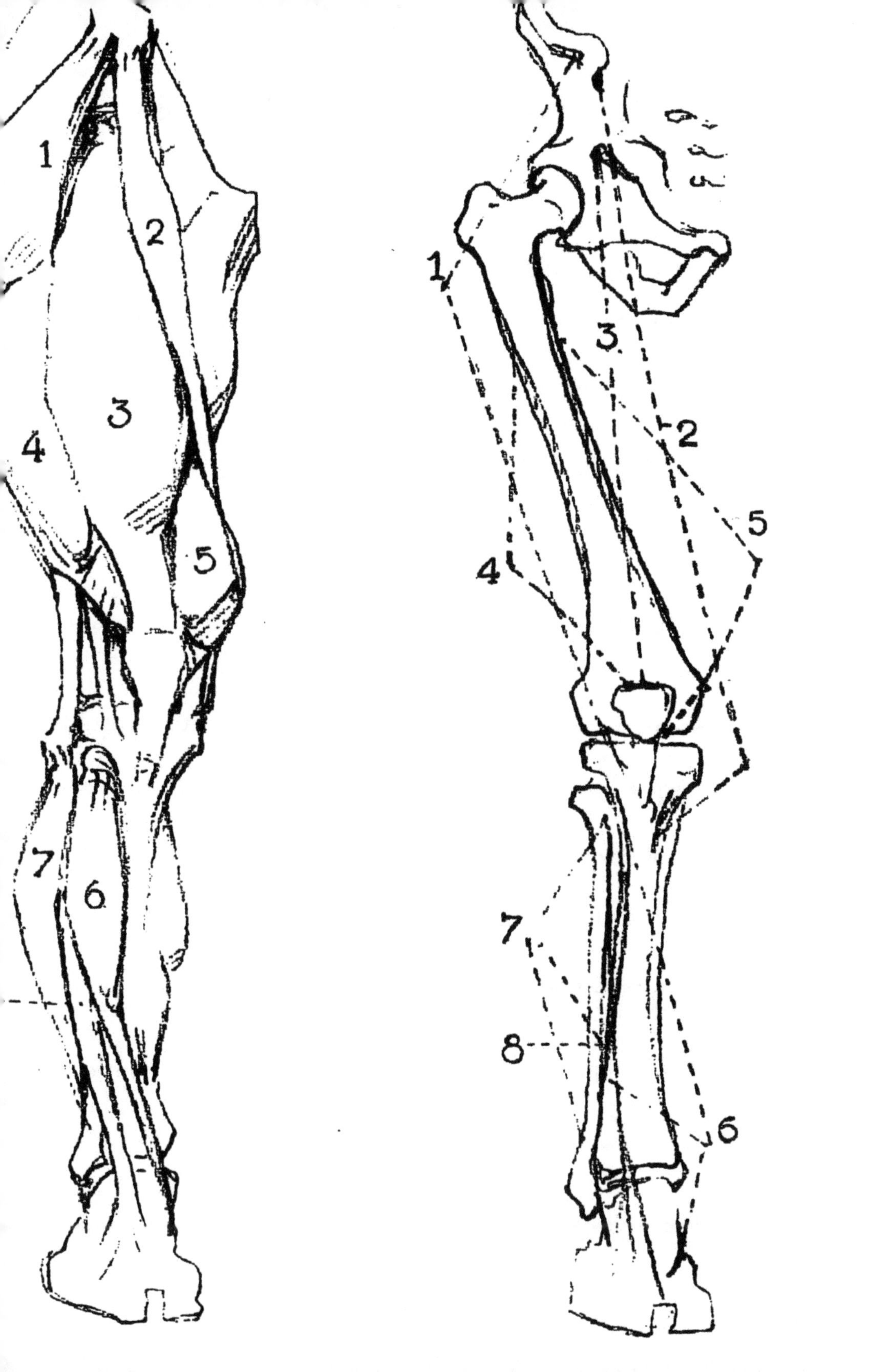

EXTREMIDADES INFERIORES

Músculos de la extremidad inferior, vista dorsal:

1. Glúteo medio.
2. Glúteo mayor.
3. Semitendinoso.
4. Semimembranoso.
5. Bíceps femoral.
6. Gastrocnemio.
7. Sóleo.

Ver **Glúteos medio y mayor**, página 164.

Semitendinoso: Desde la tuberosidad isquiática hasta la tibia.

Acción: Flexiona la rodilla y rota la pierna hacia adentro.

Semimembranoso: Desde la tuberosidad isquiática hasta la tibia.

Acción: Flexiona la rodilla y rota la pierna hacia adentro.

Bíceps femoral: Su cabeza larga parte desde la tuberosidad isquiática y su cabeza corta desde el fémur; va hasta la cabeza del peroné.

Acción: Flexiona la rodilla y rota el muslo hacia adentro.

Ver **Músculo gastrocnemio**, página 176.

Ver **Músculo sóleo**, página 180.

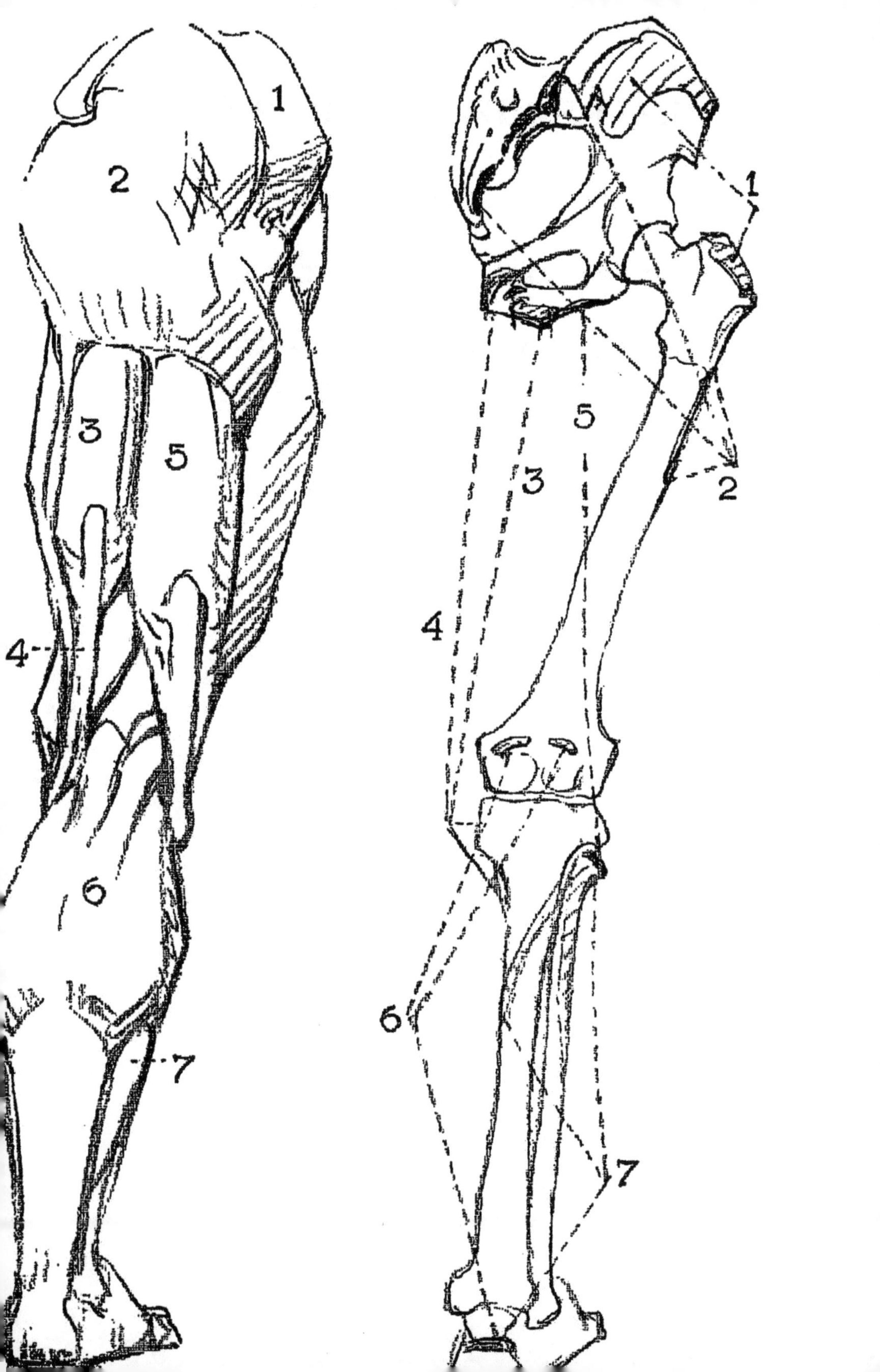

1
2
3
5
4
6
7
1
2
3
5
4
6
7

EXTREMIDADES INFERIORES

Articulación de la rodilla, cara posterior

Músculos isquiocrurales, gastrocnemio
y hueco poplíteo

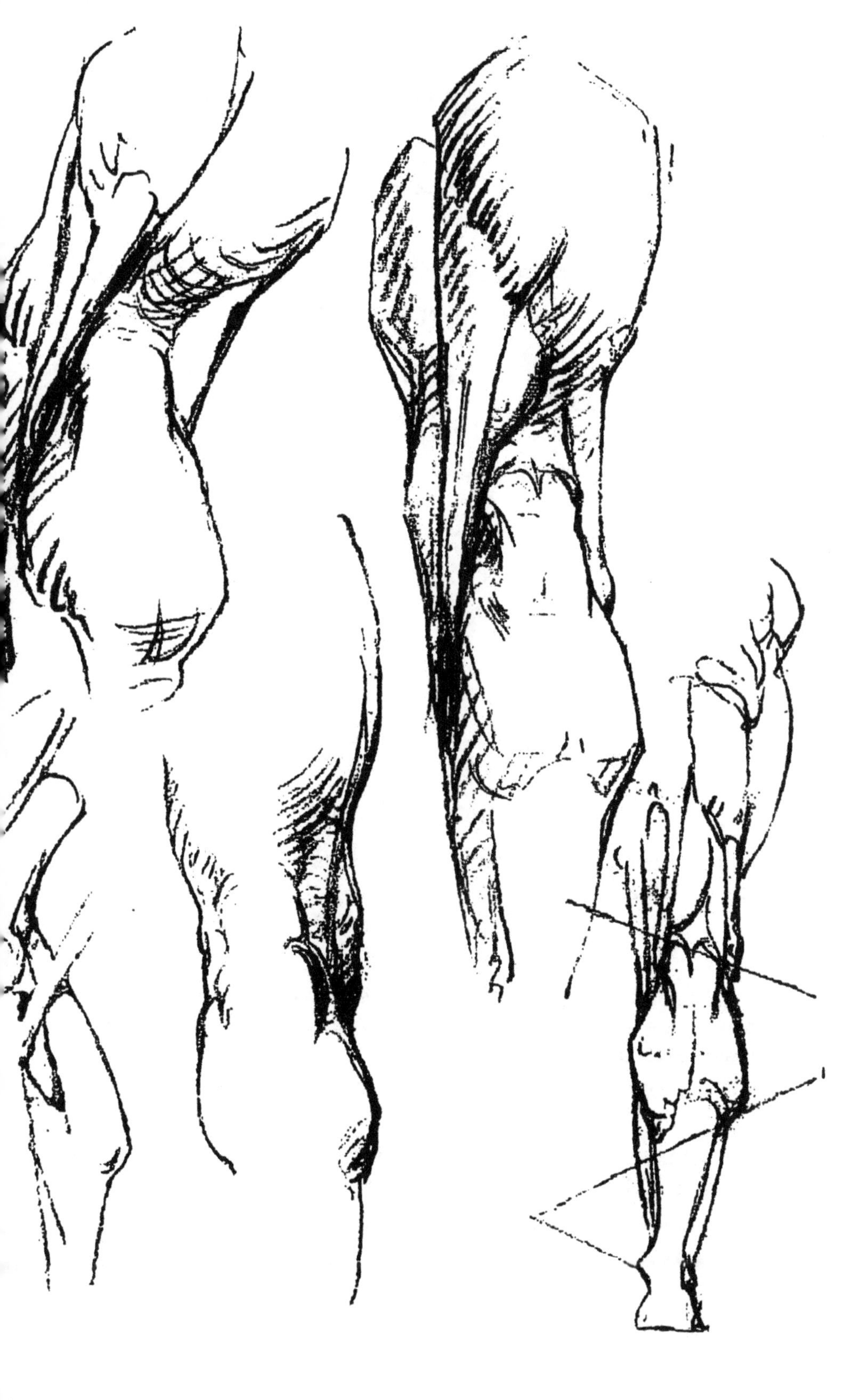

EXTREMIDADES INFERIORES

Músculo de las extremidades inferiores, vista lateral externa:

1. Glúteo mayor.
2. Glúteo medio.
3. Bíceps femoral.
4. Vasto lateral.
5. Gastrocnemio.
6. Peroneo largo.
7. Tibial anterior.

Debajo de la rodilla:

Gastrocnemio: Desde los cóndilos del fémur hasta el tendón de Aquiles.

Acción: Extiende el pie, levanta el cuerpo al caminar.

Peroneo largo: Desde la cabeza y parte superior del peroné, pasa bajo el pie por el lado externo, llegando hasta la base del dedo gordo.

Acción: Extiende el tobillo y eleva el lado externo del pie.

Tibial anterior: Desde los dos tercios superiores y exteriores de la tibia hasta el lado interno del pie.

Acción: Flexiona el tobillo y eleva el lado interno del pie.

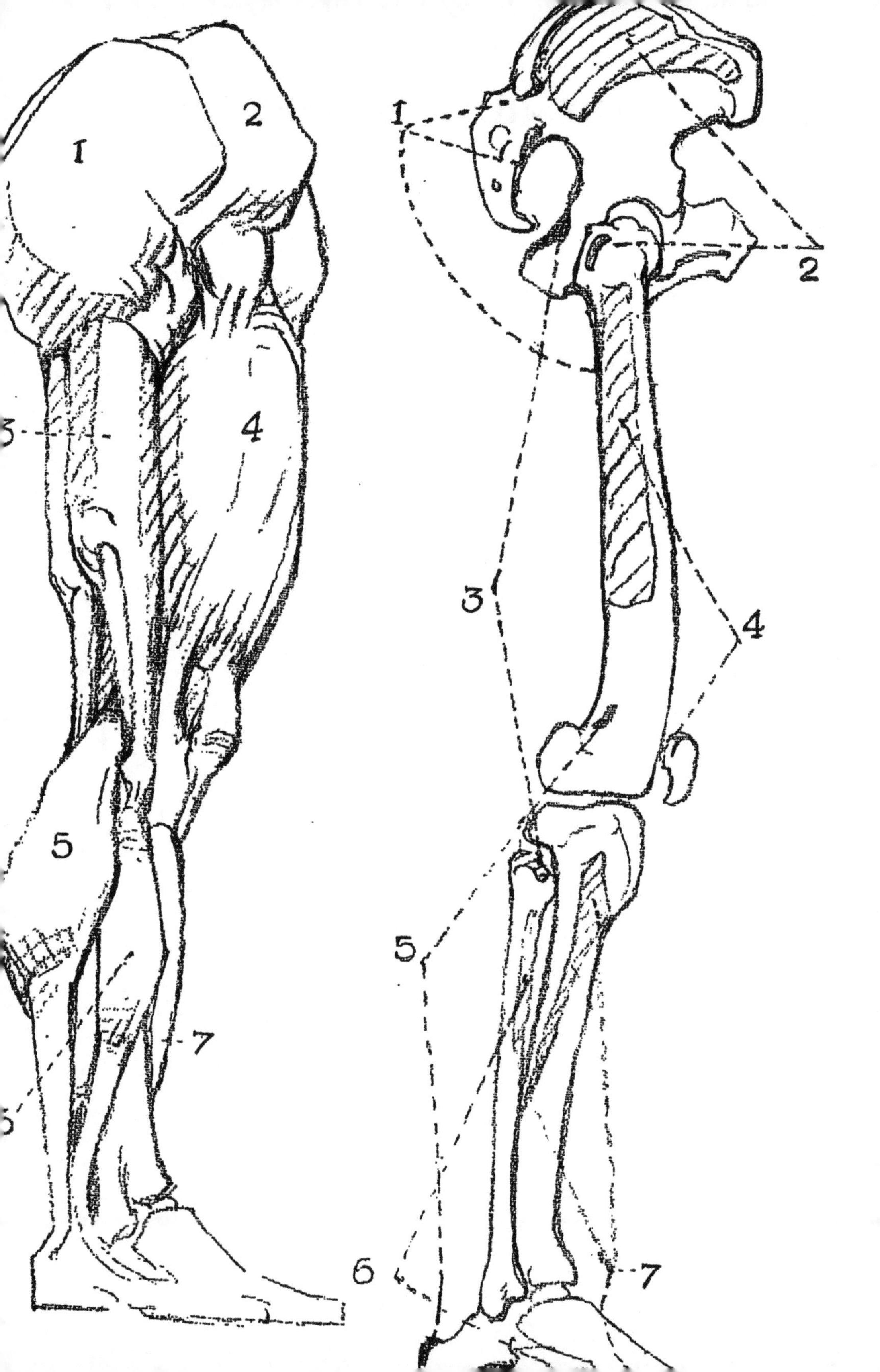
1
2
3
4
5
6
7
1
2
3
4
5
6
7

Extremidades inferiores

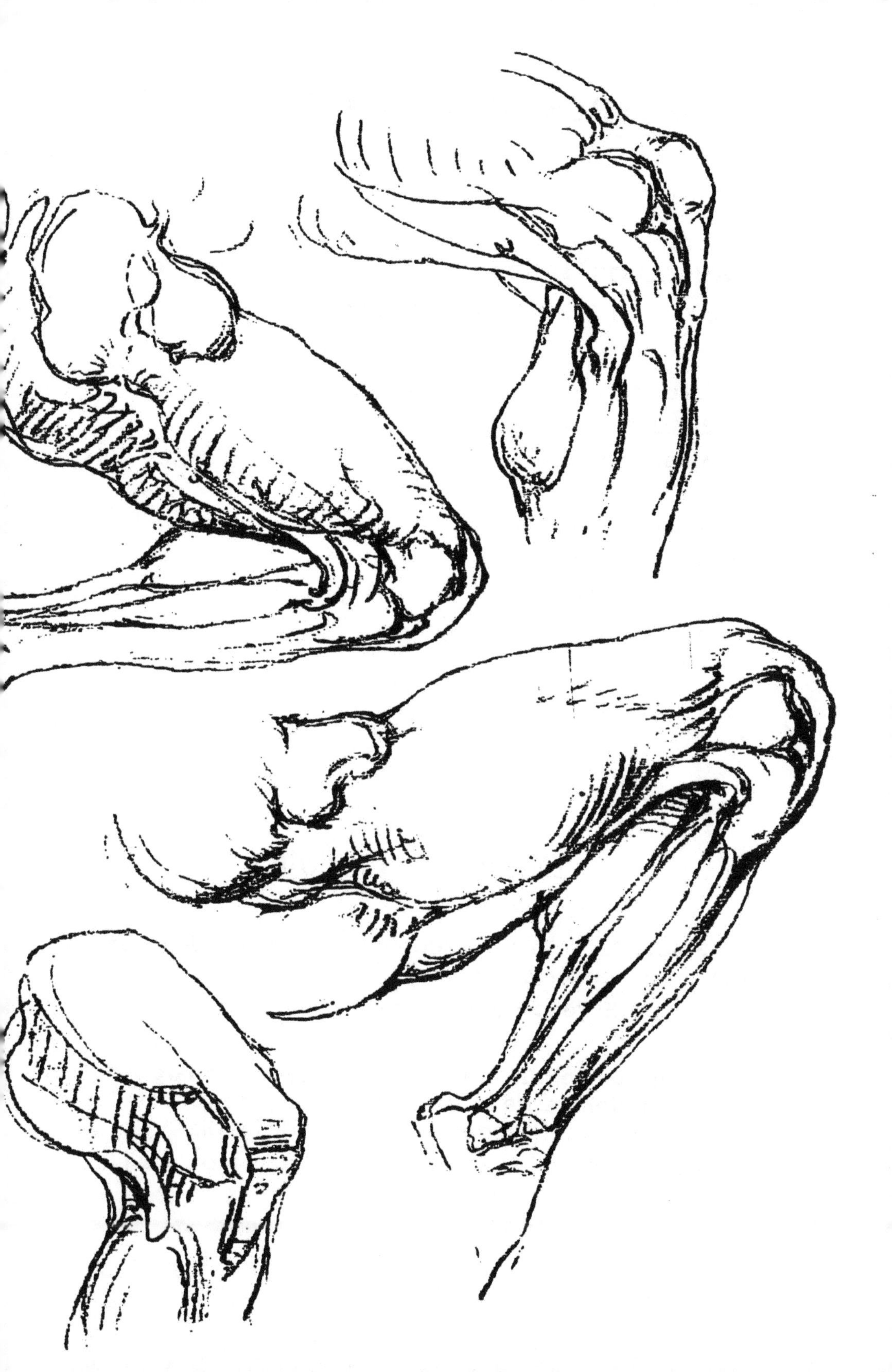

EXTREMIDADES INFERIORES

Músculos de las extremidades inferiores, vista interna:

1. Recto femoral.
2. Vasto medial.
3. Sartorio.
4. Grácil.
5. Semitendinoso.
6. Semimembranoso.
7. Gastrocnemio.
8. Sóleo.

Debajo de la rodilla:

Sóleo: Desde la parte superior del peroné y dorso de la tibia hasta el tendón de Aquiles.

Acción: Extiende el pie y eleva el cuerpo al caminar.

Extensor común de los dedos (extensor largo de los dedos del pie): Desde la tibia y frente del peroné hasta las segundas y terceras falanges de los dedos de los pies.

Acción: Extiende los dedos. Ver **Diagrama**, página 171.

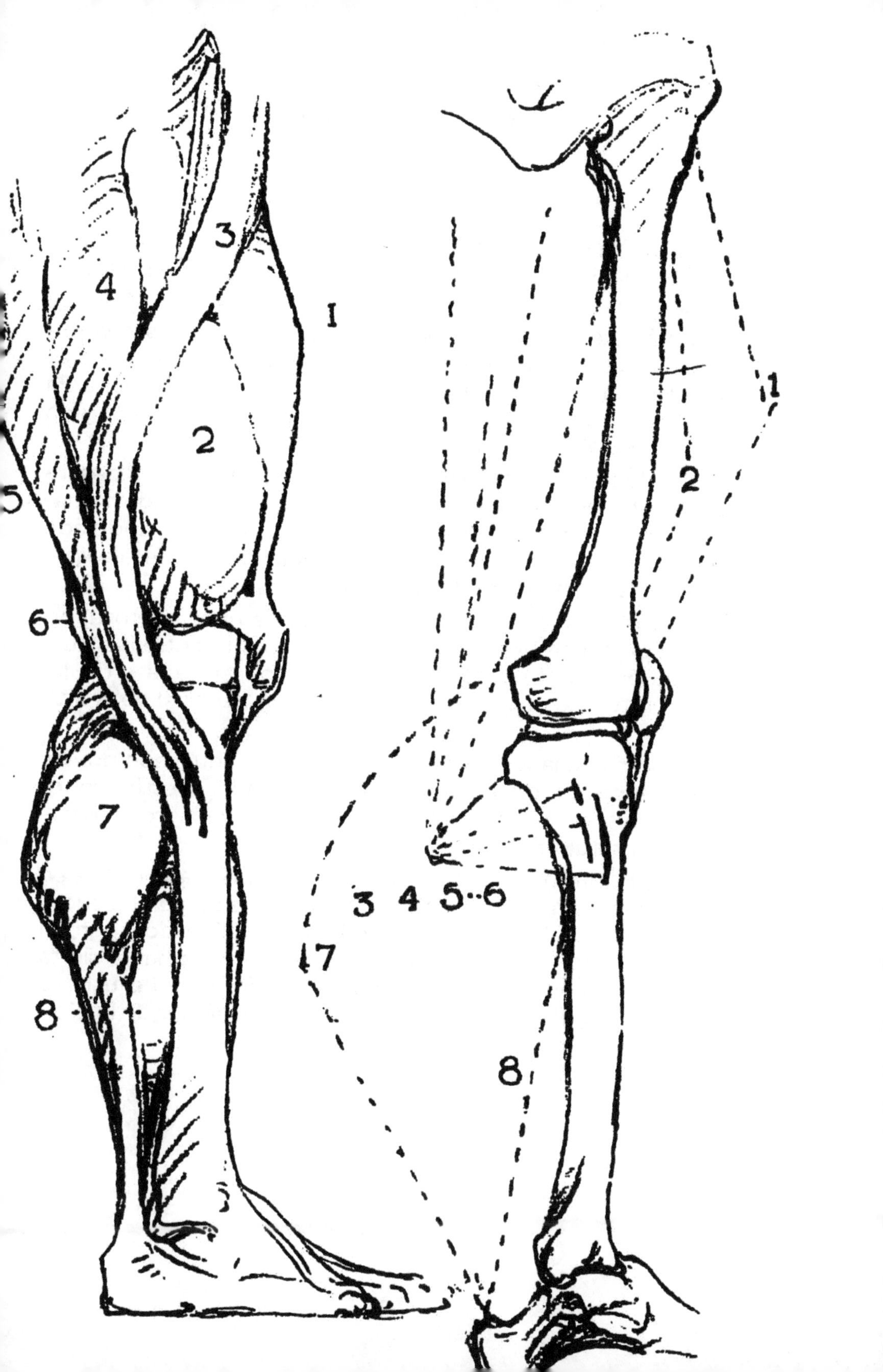

1
2
3
4
5
6
7
8
3 4 5·6
7
8
1
2

LA RODILLA

La rodilla debe pensarse como un cuadrado con los lados biselados hacia adelante, ligeramente ahuecado al dorso, que lleva delante a la rótula como si fuera la tapa de un tintero.

Un fuerte ligamento conecta la rótula con el risco superior de la tibia. Rótula y tibia se deslizan juntas sobre el extremo del fémur, que por lo tanto queda expuesto al flexionar la pierna. La rótula se encuentra siempre en el ápice del ángulo formado por el muslo y la parte inferior de la pierna.

Desde la rótula se elevan los tres músculos antes descritos: El recto femoral mediante un tendón que se angosta hacia arriba, el vasto lateral mediante un tendón angulado ligeramente hacia afuera, y el vasto medial que sobresale ligeramente desde la punta de la rótula.

Cuando la rodilla se encuentra recta, su bolsa serosa forma una protuberancia a cada lado, en la punta entre la rótula y el tendón, en el punto exactamente opuesto a la articulación. La rótula se encuentra siempre arriba del nivel de la articulación.

El dorso de la rodilla, al doblarse, queda ahuecado por los tendones isquiocrurales que tiene a cada lado. Al estirar la rodilla el hueso se hace prominente entre ellos; los tres conforman tres protuberancias.

El lado interno de la rodilla es más grande. Cada rodilla en su conjunto se curva en forma convexa hacia su par. La cuenca de la cadera, la rodilla y el tobillo están alineados; pero el asta del fémur —debido a su largo cuello— llega hasta cierta distancia más arriba de la cadera, de modo que el muslo se encuentra angulado con respecto a la parte inferior de la pierna.

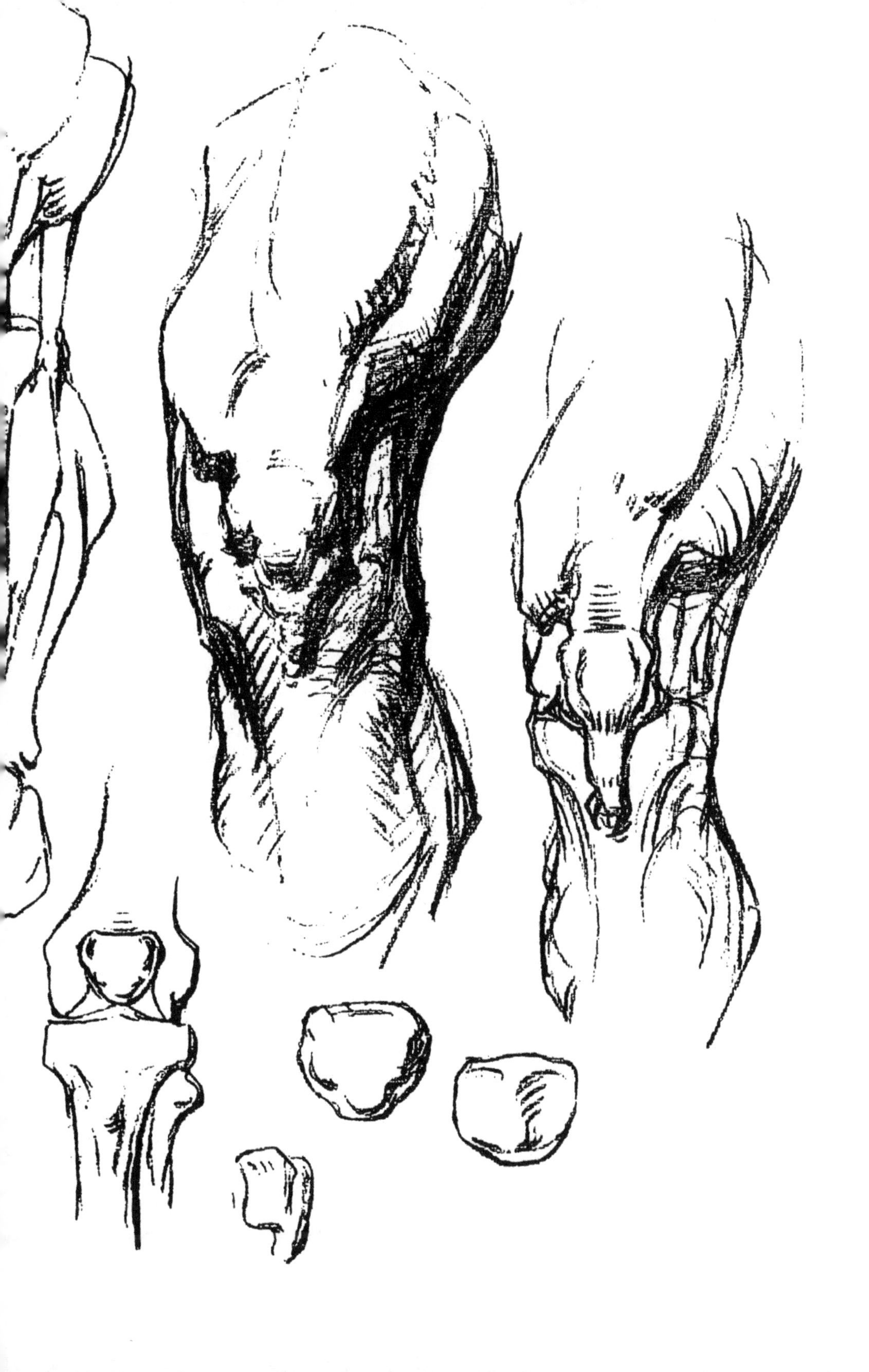

LA RODILLA

La rodilla, cara lateral

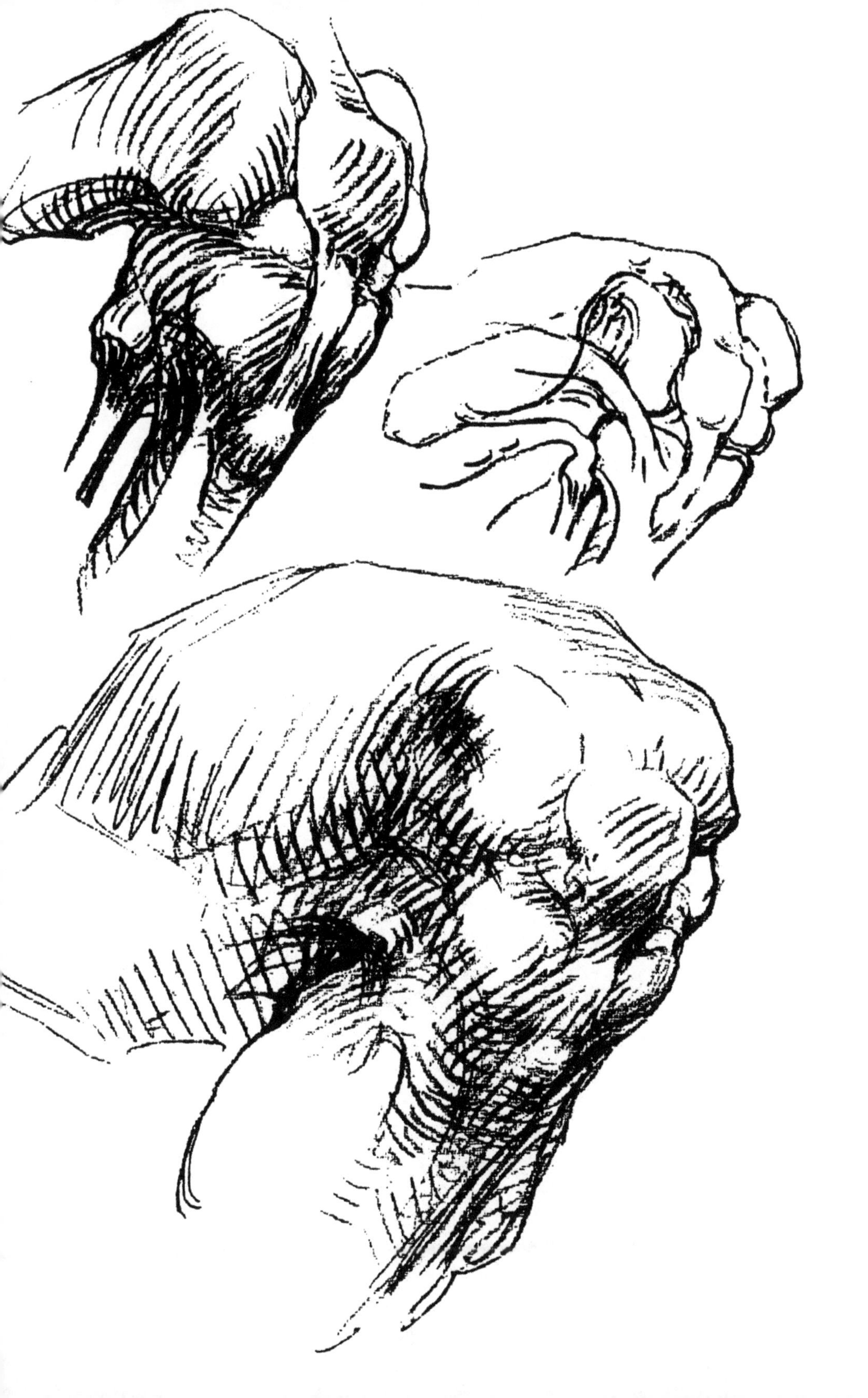

LA RODILLA

La rodilla:

1. Bolsa sinovial.
2. Tendón común.
3. Rótula.
4. Ligamento de la rótula.

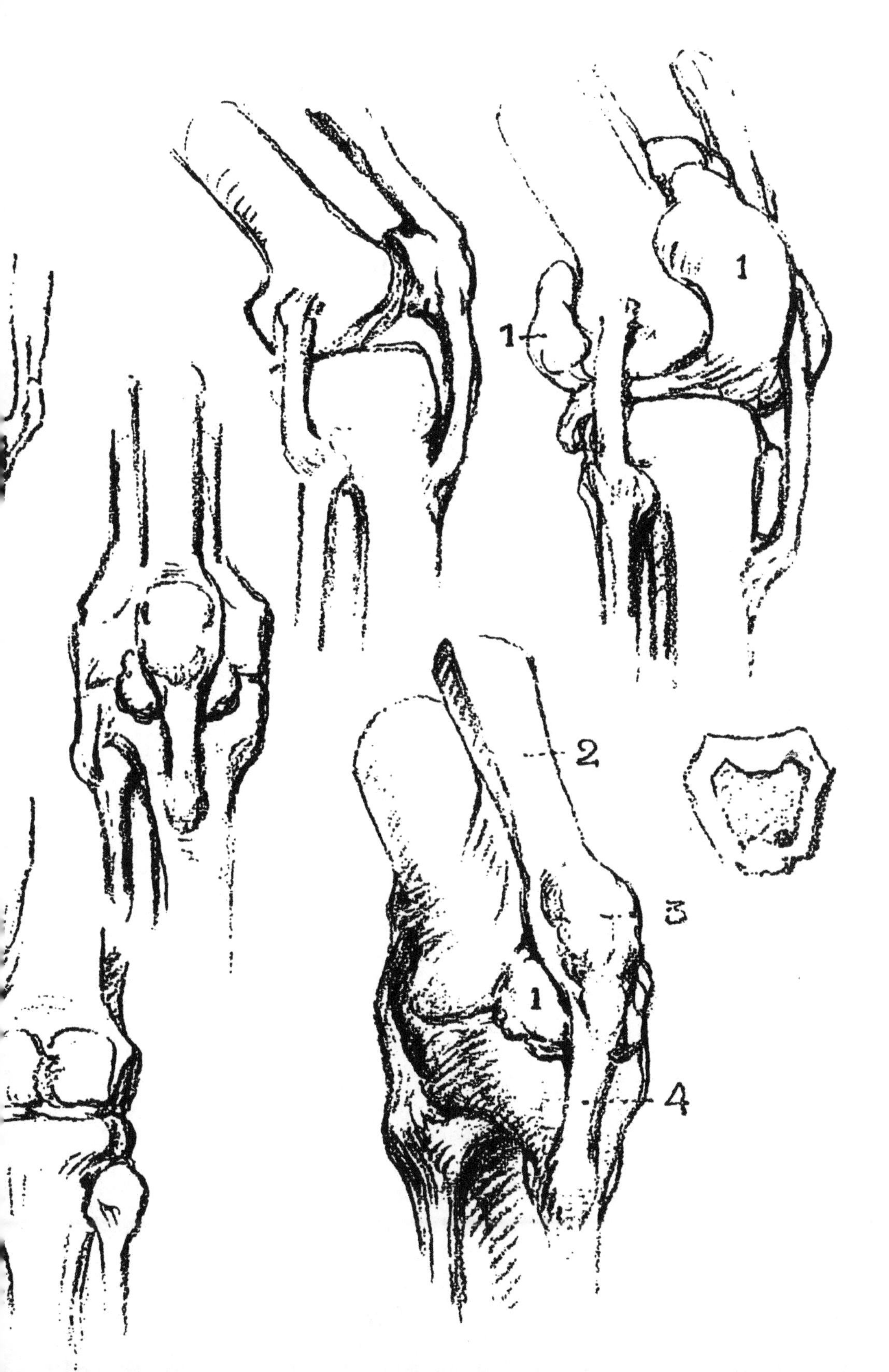
1
1
1
2
3
1
4

LA RODILLA

La rodilla, cara medial

La rodilla, cara medial

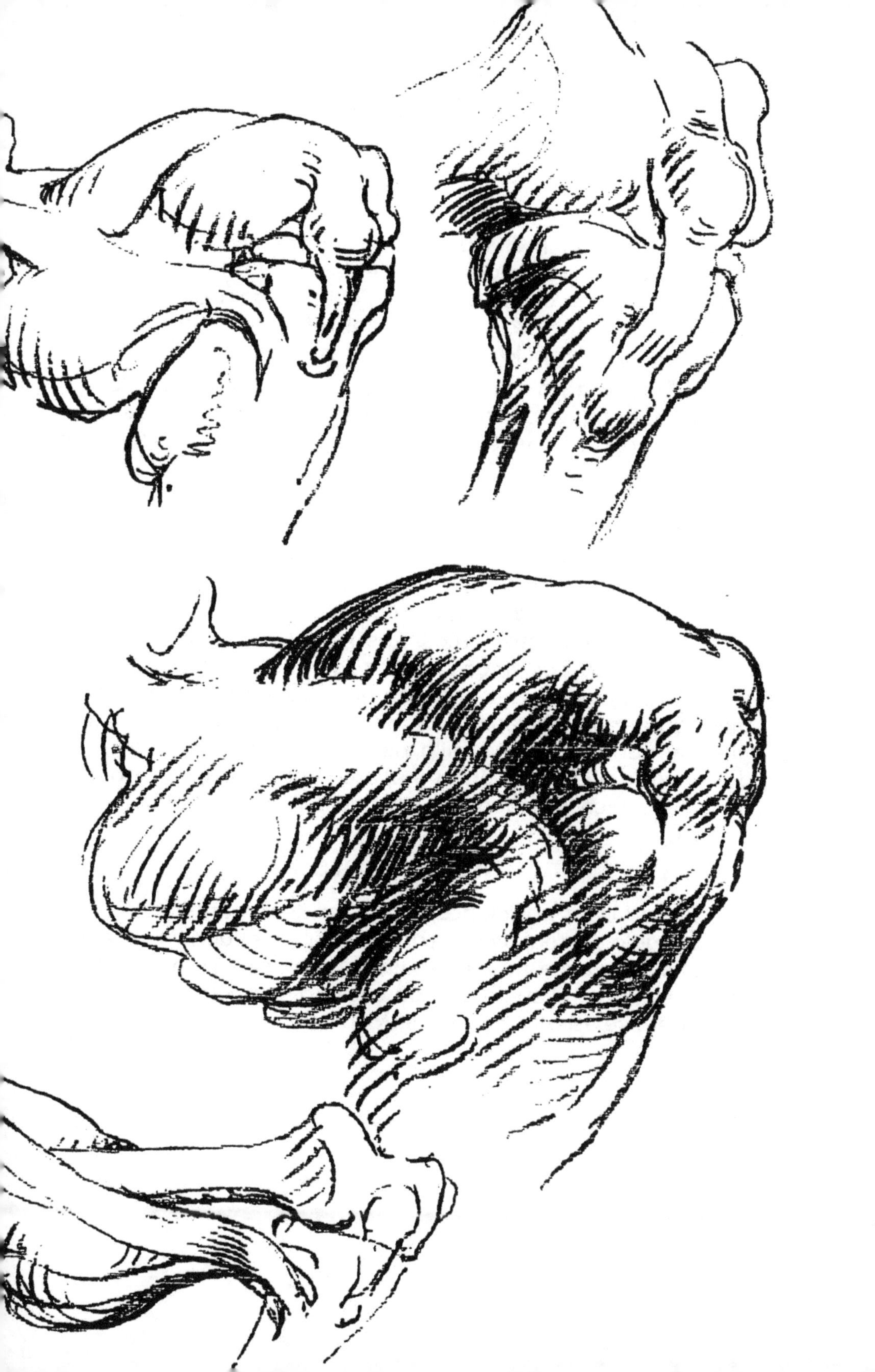

EL PIE

Así como el meñique se encuentra en el talón de la mano, la cara externa del pie es el lado del talón. Yace plano sobre el suelo, en continuidad con el talón; es más bajo que el lado interno —incluso el hueso del tobillo externo está más abajo que el del tobillo interno— y es más corto.

El lado interno es más alto, como si hubiera sido elevado por el poder superior del dedo gordo y los tendones de todos los dedos. Delante del tobillo está el bulto que se corresponde con la base del pulgar. Del lado exterior, opuesto a esta prominencia hay uno similar, que se corresponde con la base del dedo meñique.

En el pie, esta simetría adaptada a la función de llevar peso se desarrolló en una maravillosa serie de arcos. Los cinco arcos del pie convergen en el talón; los dedos son extensiones y refuerzos para estos arcos. Los metatarsos conforman un arco transverso. Los arcos internos son sucesivamente más altos, y conforman la mitad de un arco transverso que se completa en el pie contrario. Este movimiento de arqueo se abre gradualmente hacia el tobillo, para culminar finalmente en las dos columnas de las piernas y el arco entre ellas; por eso cada pierna se ubica levemente dentro de la línea central del pie.

Movimientos

En todas las posiciones, el pie tiende a mantenerse plano con el suelo, y sus arcos cambian en consecuencia. Al accionar, el pie llega a estar casi en línea recta con la pierna; pero al apoyarse sobre el suelo, el lado externo se apoya primero y el pie entero se asienta hacia el lado interno.

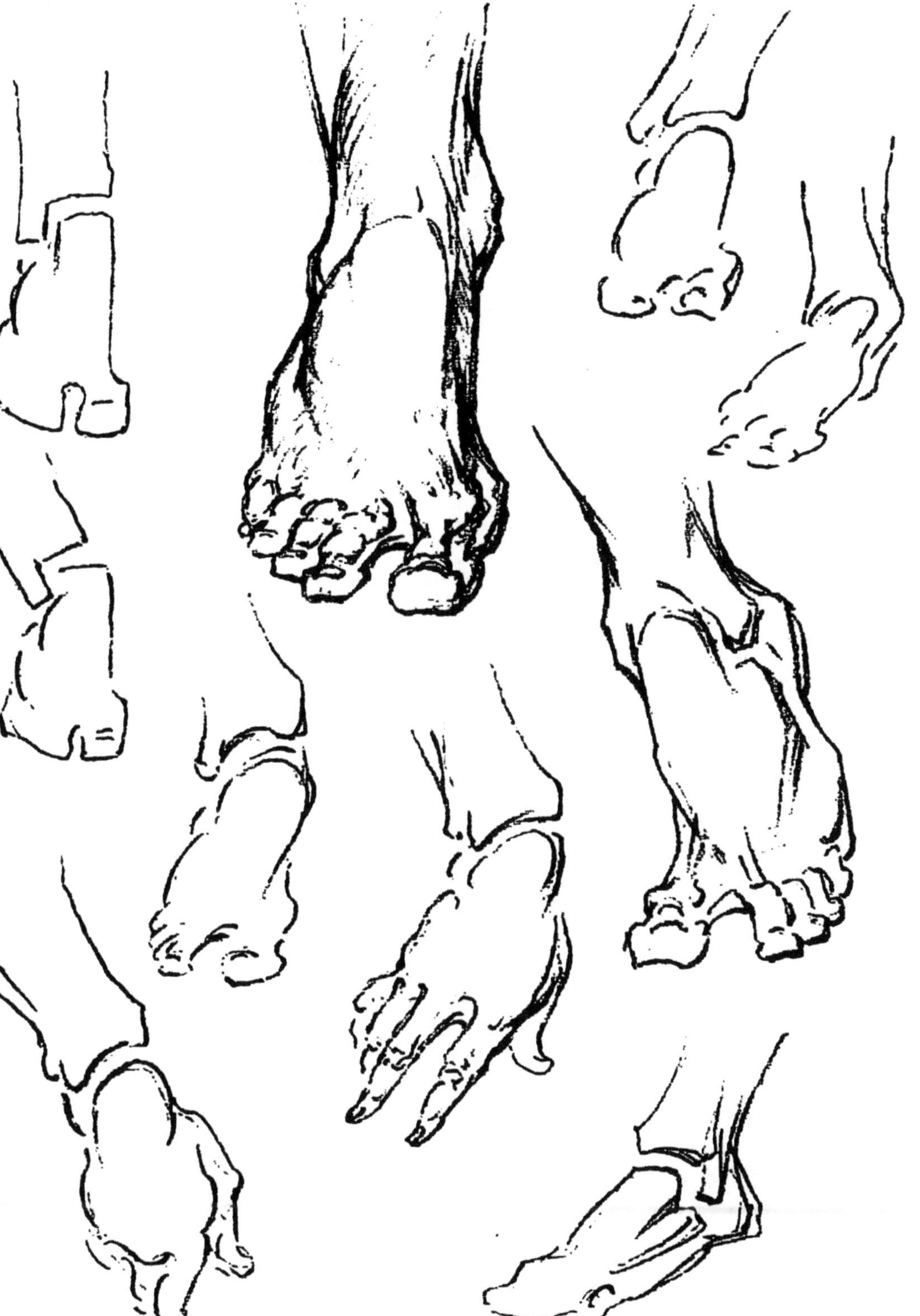

EL PIE

**El pie, cara lateral:
Encastre del tobillo con el pie**

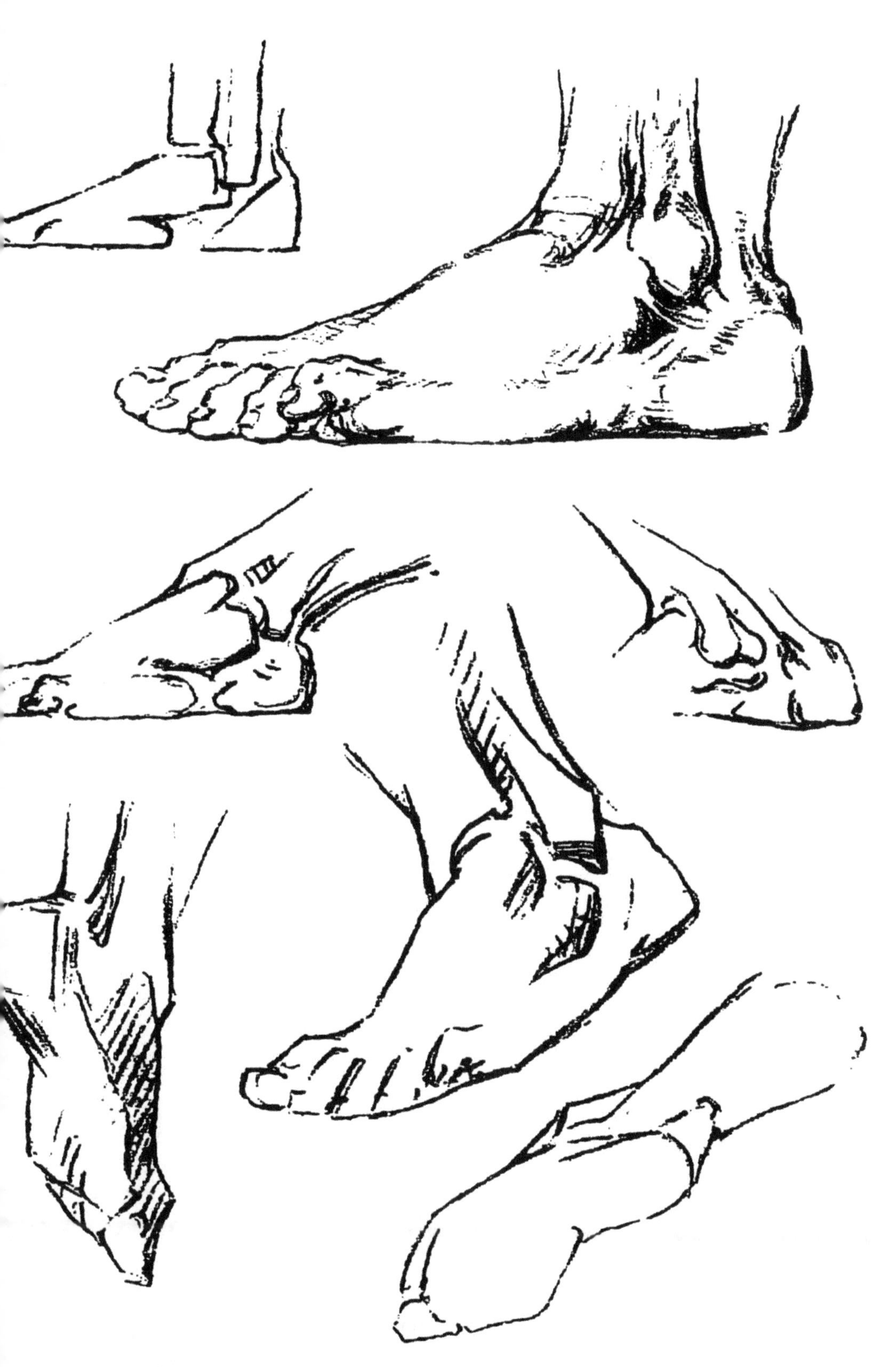

EL PIE

El pie, cara medial

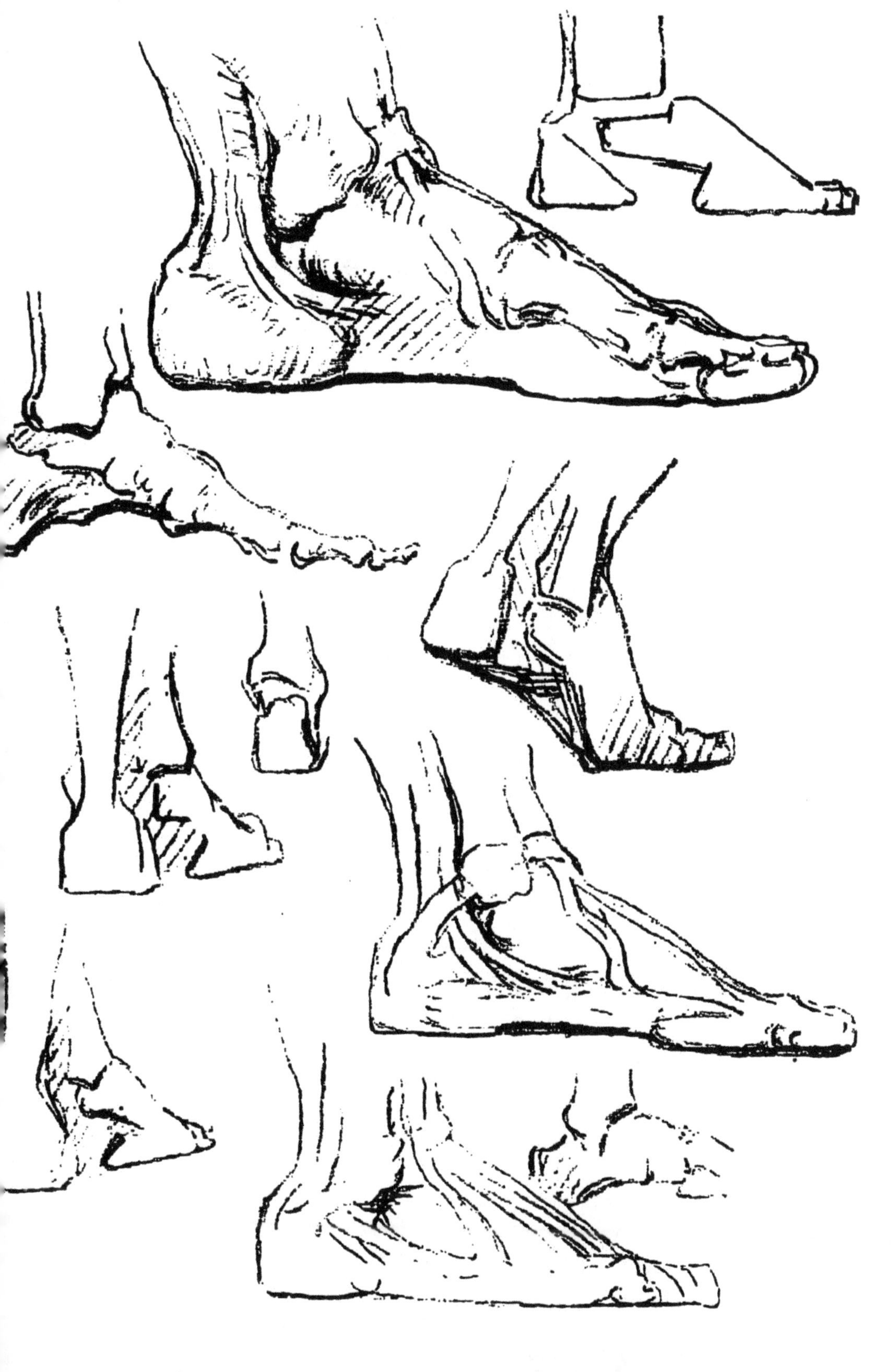

DEDOS DEL PIE

Almohadillas y encastre

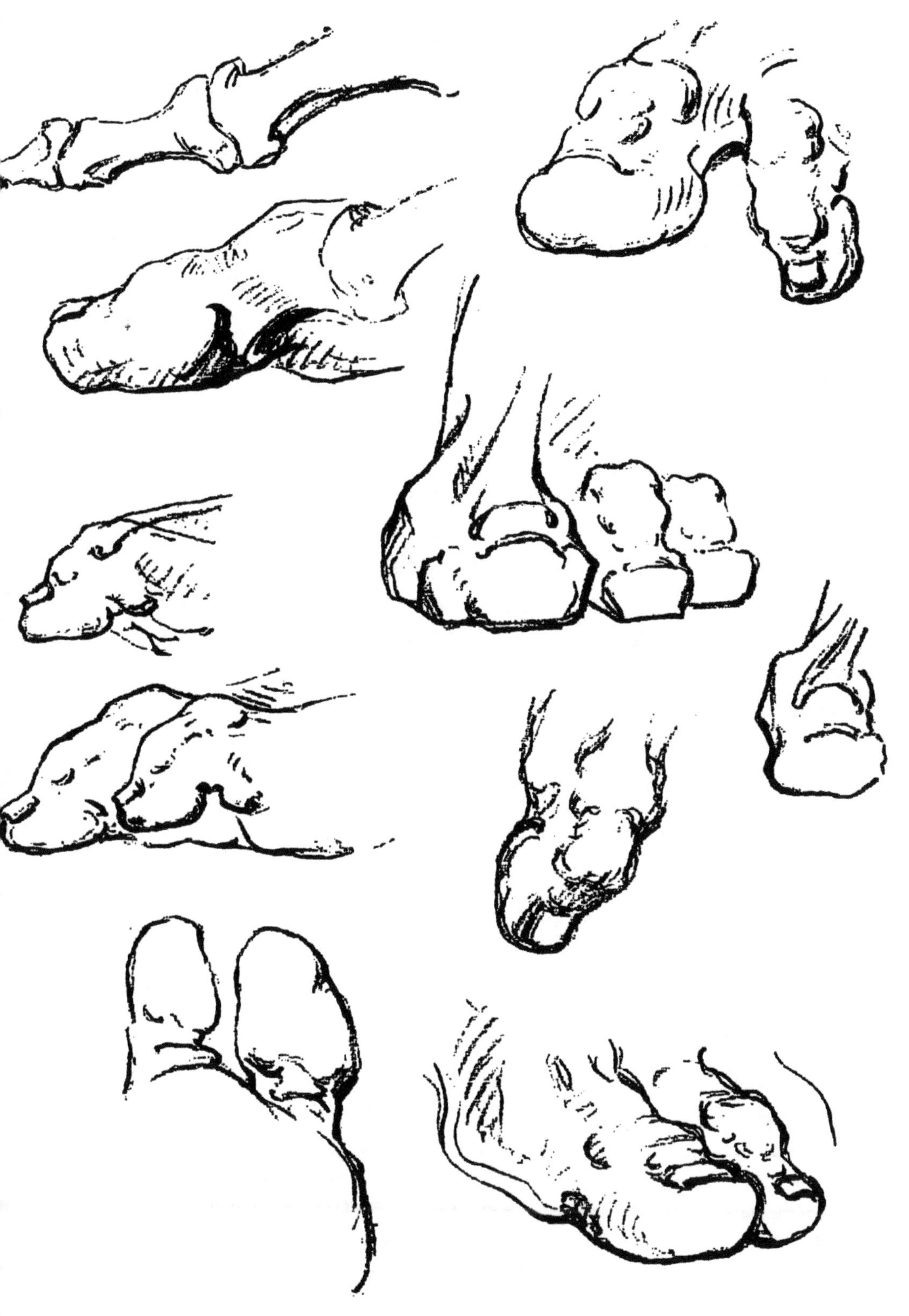

ORIGEN Y SIGNIFICADO DE TÉRMINOS ANATÓMICOS

NOTA: La tabla contiene el nombre en español y en latín (en *cursiva*) cuando éste no coincide con el español.

Términos generales

Flexor	Que flexiona o dobla
Extensor	Que extiende o estira
Abductor	Que abduce (aleja de la línea media)
Aductor, *adductor*	Que aduce (acerca a la línea media)
Supinador, *supinator*	Que vuelve la cara hacia arriba
Pronador, *pronator*	Que vuelve la cara hacia abajo
Anterior, *anterius*	Al frente
Posterior, *posterius*	Al dorso
Externo, *externus*	Del lado de afuera
Interno, *internus*	Del lado de adentro
Tertius	Tercero

Huesos

Frontal	Al frente
Temporal	"Tiempo"
Parietal	De *paries*, pared
Occipital	Perteneciente o relativo al occipucio, la parte de la cabeza donde ésta se une con las vértebras del cuello
Malar	De *mala*, mejill

Mastoide	Con forma de mama
Esternón, *sternum*	Hueso del pecho
Clavícula, *clavicula*	"Pequeña llave"
Escápula, *scapula*	"Pala." Omóplato
Húmero, *humerus*	Hueso del brazo superior
Cúbito, *ulna*	Codo
Radio, *radius*	"Rayo" (de una rueda)
Carpal	De *carpus*, muñeca
Trapecio, *trapezium*	Tabla
Trapezoide	Semejante a una tabla, con dos lados paralelos y dos divergentes
Navicular	Semejante a una nave (barco)
Semilunar	Media luna
Cuneiforme	Semejante a una cuña
Pisiforme	Con forma de arveja (guisante)
Os magnum	Hueso grande
Metacarpos	Más allá de la muñeca
Falanges	Garrotes, rodillos
Dígito, *digit*	Dedo
Os innominatum	Hueso inominado
Sacro, *sacrum*	Sagrado
Coxis, *coccyx*	Pico del cucú (ave de la familia Cuculidae)
Fémur, *femur*	Muslo
Rótula, *patella*	Pequeña fuente circular o plato
Tibia	Espinilla
Peroné, *fibula*	Flauta
Calcáneo, *calcaneum*	De *calx*, talón
Tarsal	Empeine
Metatarsal	Más allá del empeine

Músculos

Temporal	Relativo al hueso temporal
Masetero, *masseter*	Masticador
Esternocleidomastoideo, *sternocleidomastoid*	Que se fija al esternón, la clavícula y la apófisis mastoides (en el hueso temporal)
Tiroides	Semejante a un escudo
Cartílago tiroides	Nuez de Adán
Deltoides	Triangular (*delta*), equilateral
Pectoralis	Relativo al pecho (*pectus*)
Recto abdominal, *rectus abdominis*	Músculo recto del abdomen
Oblicuo	Que se desvía de la línea
Serrato, *serratus*	Con dientes de sierra
Teres	Redondo
Bíceps, *biceps*	De dos cabezas
Braquial, *brachialis*	Relativo al brazo
Anticus	(Adjetivo) al frente
Tríceps, *triceps*	De tres cabezas
Ancóneo, *anconeus*	Pie de burro
Coracobraquial, *coraco brachialis*	Desde la apófisis coracoides ("semejante a un pico") de la escápula hasta el brazo (*brachium*)
Glúteo, *gluteus*	Nalga
Mayor, *maximus*	Más grande
Medio, *medius*	De tamaño medio
Menor, *minimus*	Del menor tamaño
Tensor	Que aprieta o sostiene
Fascia	Banda o cinta
Lata	Ancha
Recto femoral, *rectus femoris*	Músculo recto del fémur
Vasto lateral, *vastus externus*	Gran músculo exterior
Vasto medial,	Gran músculo interior

vastus internus	
Abductor	Que abduce (aleja de la línea media)
Grácil, *gracilis*	Esbelto, grácil
Semi-tendinosus	Semitendinoso
Semi-membranosus	Semimembranoso (tendón ancho y plano)
Plantaris	Relativo a la planta del pie (comparar con *palmaris*, de la mano)
Gastrocnemio, *gastrocnemius*	Barriga de rana
Sóleo, Soleus	Sandalia (*solea*)
Tendón de Aquiles	El tendón por el cual la madre de Aquiles lo sostuvo al bañarlo en el río Estigia para hacerlo invulnerable
Peroneus	Alfiler
Tibialis anticus	Del lado frontal de la tibia
Pollicis	De *pollex*, pulgar o dedo grande del pie
Tenar	Palma
Hipotenar, *hypotenar*	Debajo o menor que tenar
Palmaris	Relativo a la palma
Trapecio, *trapezius*	Con forma de mesa
Dorsal ancho, *latissimus dorsi*	El músculo más ancho de la espalda
Infraespinal, *infra-spinatus*	Bajo la espina (de la escápula)
Supraespinal, *supra-spinatus*	Sobre la espina (de la escápula)
Teres major	Músculo redondo mayor
Teres minor	Músculo redondo menor
Romboide, *rhomboideus*	Con forma de rombo: con cuatro lados pero no en ángulos rectos

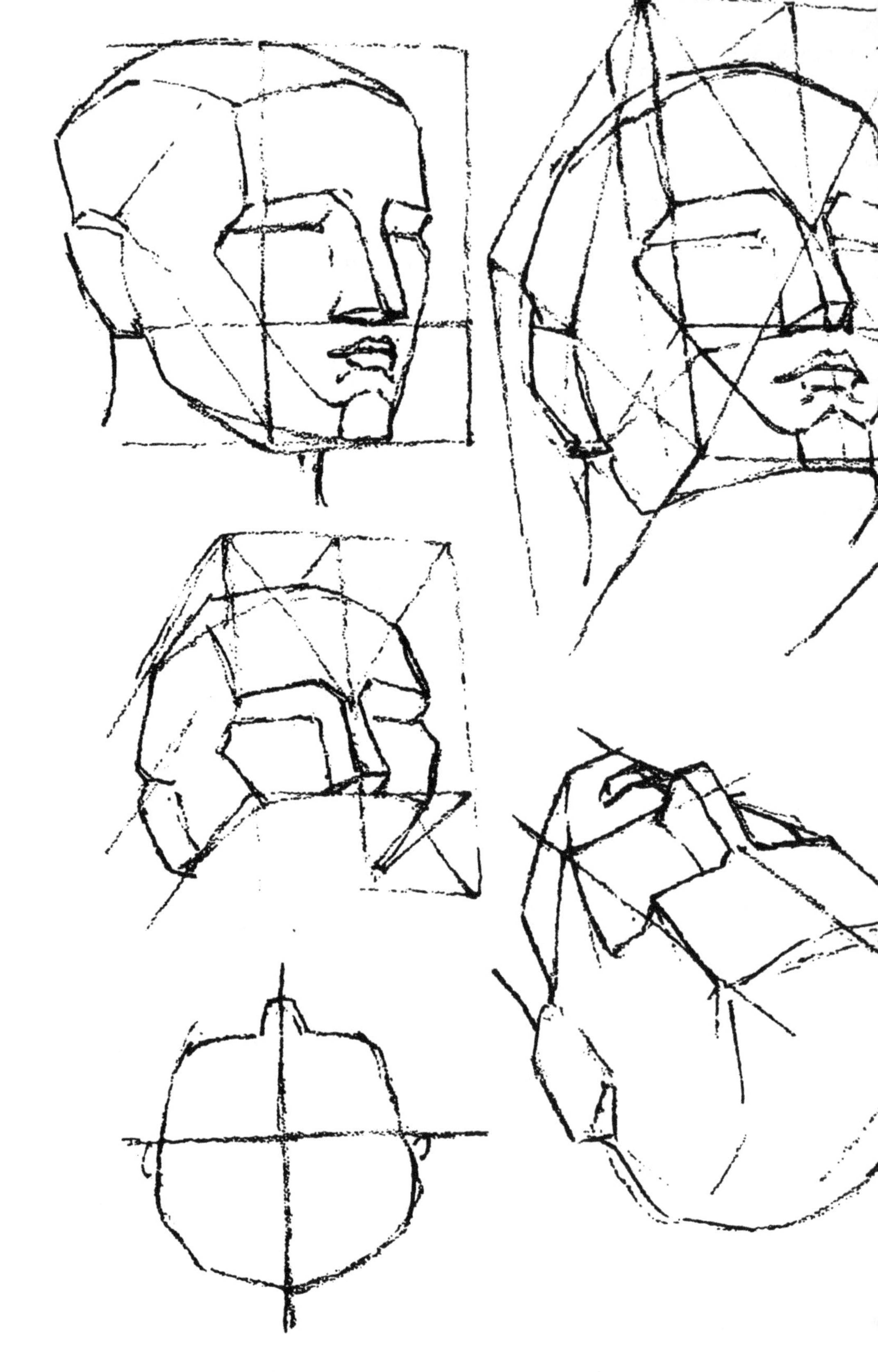